韩愈传

陈新璋 著

人民文学出版社

图书在版编目（CIP）数据

韩愈传 / 陈新璋著. -- 北京 ：人民文学出版社，2025. -- ISBN 978-7-02-019561-9

Ⅰ. K825.6

中国国家版本馆CIP数据核字第2025FN6910号

责任编辑 **高宏洲**
装帧设计 **刘　远**
责任校对 **朱美凤　杨益民**
责任印制 **董宏阳**

出版发行 **人民文学出版社**
社　　址 **北京市朝内大街166号**
邮政编码 100705

印　　刷 **河北环京美印刷有限公司**
经　　销 **全国新华书店等**

字　　数 154千字
开　　本 880毫米×1230毫米　1/32
印　　张 8.625　插页7
印　　数 1—6000
版　　次 2025年9月北京第1版
印　　次 2025年9月第1次印刷

书　　号 978-7-02-019561-9
定　　价 40.00元

如有印装质量问题，请与本社图书销售中心调换。电话：010－59905336

《历代圣贤半身像·韩愈》

（台北故宫博物院藏）

〔元〕鲜于枢草书韩愈《进学解》（局部）

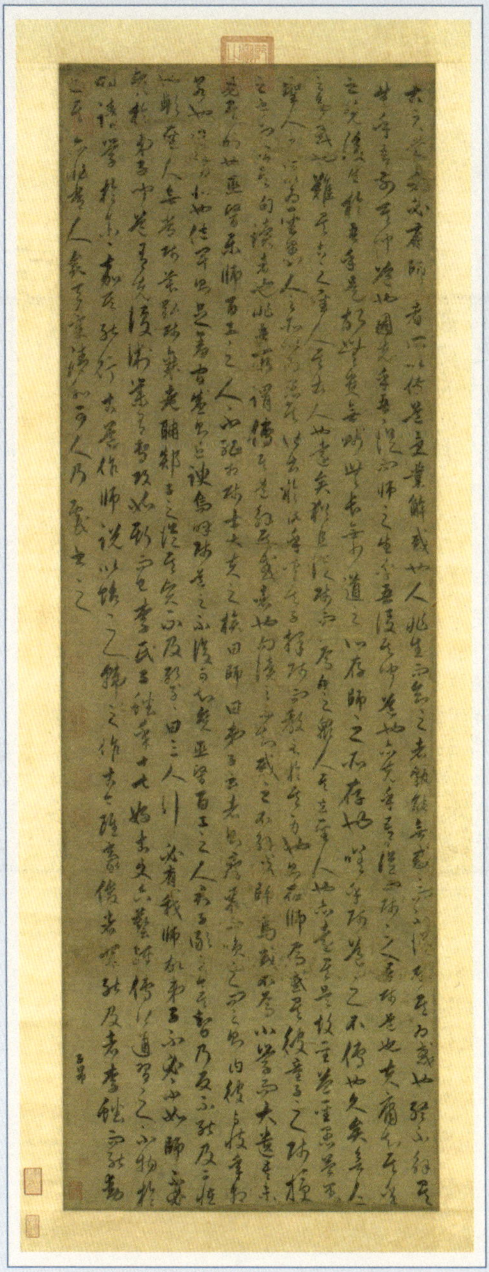

〔元〕赵孟𫖯书韩愈《师说》

昌黎先生集卷第一

賦 宋莒公為序卷首具列卷中篇目凋悉以朱墨滅殺之惟存其都凡集外別有目錄一卷今按李漢所作序云揔七百首幷目錄合四十一卷則正與焉合

感二鳥賦 幷序○公貞元十一年正月至三月以前進士三上宰相書不報時宰相趙憬賈耽盧邁宜共不遇也五月東歸遇所歎二鳥感而作公之賦見於集者四大抵多有取於離騷之意此篇蘇子美亦謂其悲歎頻挫有騷人之思疑其年壯氣鋭欲發其藻章以耀于世蘇語雖少貶然進學解所云不虚矣

昌黎卷一 一 世綵堂

貞元十一年一或作五以諸考之作一為是五月戊辰愈東歸癸酉自潼關潼關在華陰出息于河之陰時始去京師有不遇時之歎見行有籠白烏白鸜鵒而西者舊史德宗貞元十一年河陽獻白烏號於道曰某土之守某官一作某土之守臣某用禮記全句○守音狩使使者進於天子使使下去音東西行者皆避路西下闕杭本無行字考之禮記及公送溫造序當有莫敢正目焉因竊自悲幸生天下無事時承先人之遺業不識干戈未

宋版《昌黎先生集》

目　录

一　少年时代

唐代是我国古代社会最繁荣昌盛的时期，在将近三百年的历史中，在思想、政治、科学、文化等各个领域中，涌现了许多出类拔萃的人物，他们为中华民族谱写了光辉灿烂的篇章，为人类留下了宝贵的遗产。

韩愈就是这个时代出现的思想家、文学家和教育家。

个人无法选择时代，而时代却制约着个人。韩愈所处的时代是怎样的时代呢?

韩愈一生经历了代宗、德宗、顺宗、宪宗和穆宗五朝。这个时期，唐朝经历过“安史之乱”，正由强盛转向衰落。虽然在唐宪宗当政的十几年间，出现了“中兴”景象，但是从盛唐时期就积累下来的各种社会矛盾不但没有得到真正的解决，反而逐步向更深广的方面发展。

从统治阶层和广大劳动人民的关系来说，八年的“安史之乱”使广大农村（尤其是中原地带的农村）经济濒于破产，国家财政面临着前所未有的困难。为了摆脱财政困境，人民的赋税加重了。而在战乱中乘机拥兵自肥的各地军阀，在战乱平定之后，在自己统辖的势力范围内加紧对劳动人民的压榨，就使统治阶层与广大人民的矛盾进一步加深了。

从统治阶层内部来说，一方面，地方割据，蔑视朝廷，使中央的威权大大下降。地方军阀恃强凌弱，互相残杀。其间虽也出现过暂时的统一和安定，但“安史之乱”以后形成的深刻裂痕并没有得到弥合。另一方面，朝廷上宦官与朝官争权夺利的局面愈演愈烈，宦官与地方军阀互相勾结，共为不法，蠹害朝政，使朝廷统御全国大局的能力大大降低。

从唐王朝与周边民族关系来说，由于在平定“安史之乱”过程中曾利用过一些军力较强的部落，客观上为这些部落的兵力入扰中原提供了条件。他们恃功要挟，索取无厌，增加了唐王朝的财政负担。有的部落与地方军阀互相勾结，对抗中央，或恣意侵扰内地居民。有的地方政府从肥己自强的目的出发，常常无端掠夺辖区之内或邻近的部落居民。这些都使民族矛盾空前激烈，是导致唐王朝迅速衰落甚至走向覆亡的重要原因。

以上三大矛盾的存在和激化，使唐王朝走向衰败，甚至覆亡，可以说是颓波难挽了。

韩愈作为当时的知识分子，所面对的思想政治环境又是怎样的呢?

在我国古代社会的历史上，唐朝在思想领域是比较宽松的。虽然在君主专制统治下，从根本上说，知识分子并无民主、自由可言。但乐于以汉朝为榜样的唐朝，却不延续汉武帝“罢黜百家，独尊儒术”的做法，而是儒、道、释三家思想并举，三家思想都加以利用。这就为思想界开展诸家争鸣，繁荣学术和文学艺术提供了较好的氛围。许多文人学士在这样的氛围中受到熏陶，各有建树。思想界形成了前所未有的生动活泼的局面。这种状况，在盛唐时期已经出现过，而在中唐时期，由于社会的急剧变化向思想界提出了新的问题，思想界各方面学有专长的人在新的现实面前各以独特的见解予以回答，从而开创了不同于盛唐的新的繁荣局面。

在政治领域，唐朝也比以前任何朝代来得开明。最突出的标志就是它继隋朝之后，进一步清除魏晋时期的九品中正制的遗毒，发展完善科举取士制度。虽然在实行过程中，不时暴露出各种各样的弊病，但它的客观效果却是既有利于巩固君主统治制度，又有利于人才辈出。一大批门第不高的有用之才就通过这个途径登上政治舞台，施展自己的本领，体现自身的价值。与此相适应的科学、教育事业也得到了普遍的重视。大多数知识分子在读书做官的道路上奋斗不息，尝尽人生百味，可说是“成也萧何，败也萧何”。

韩愈就在这样的时代社会环境中奋斗了一生。

韩愈（768—824），字退之，号昌黎，唐代河南府河阳（今河南省孟州市）人。

关于韩愈的籍贯，有许多种说法：

一、南阳（今属河南省）。这是诗人李白说的。李白的《武昌宰韩君去思颂碑序》说：“君名仲卿，南阳人也。”仲卿是韩愈的父亲，曾任武昌令，有政绩，离任后，县人刻石颂德。既然韩仲卿是南阳人，韩愈当然也是南阳人了。而南阳在哪里呢？《新唐书》说是邓州所辖，朱熹说是怀州修武。

二、昌黎（今属河北省承德市）。这是韩愈自己说的。他在《送李愿归盘谷序》一文中自称“昌黎韩愈”。按当时的习惯，在人名称谓之前喜欢冠上籍贯。既然韩愈自冠以“昌黎”，则为昌黎人无疑了。

三、河阳。这也是韩愈自己说的。他在《女挐圹铭》一文中说送女儿的尸骨“于河南之河阳韩氏墓”。古时人们相当重视死后归葬于故乡。韩愈称韩氏家族的坟墓在河阳，那他本人也当是河阳人了。

以上诸说令后人莫衷一是，于是考证蜂起。今人除了根据文献资料进行考证之外，还进行了实地考察，结合文物遗迹进行研究，得出了令人信服的结论，认为:“南阳说”是错的;“昌黎说”无案可查，韩愈自称昌黎，主要是郡望所致，因为北魏时，昌黎之韩名噪一时，到了唐代，韩姓一般自报祖籍昌黎;而韩愈的籍贯实是河南河阳（今孟州市）。至今，河南省孟州市境内还保留着韩愈的祖茔、韩愈的墓地墓碑和他儿子韩昶的墓志铭、侄孙韩湘的墓冢。

韩愈的家族世代为官。七世祖韩茂，在后魏任尚书令，封安定王。六世祖韩钧，在后魏任金部尚书，并承袭父亲封爵。高祖韩晙，在唐代任雅州刺史。曾祖韩仁泰，曾任曹州司马。祖父韩睿素，曾任桂州都督府长史。

韩愈的父亲仲卿，曾与李白、杜甫交游;当过武昌令。当时正值“安史之乱”，中原一带生灵涂炭，而他所治理的武昌县却“奸吏束手，豪宗侧目”，“官绝请托之求，吏无丝毫之犯”。邻县人民闻风而至，不到两年时间，人口增加三倍。由于有惠于民，离任之后，士民为之刻石称颂，碑文就出自李白之手。后来调任鄱阳令，兼摄数县。晚年任秘书郎，死后赠尚书左仆射。

韩愈有三个叔父:少卿、云卿、绅卿。少卿，任当涂县丞，“感慨重诺，死节于义”。云卿，官至礼部侍郎。在大历年间，文章冠世，“天下之欲铭述其先人功行取信来世者”，皆来延请。绅卿，

“幼负美誉”，“才名振耀”，直言敢谏。历任高邮尉、扬州录事参军、泾阳令。在县令任上，目睹权豪富贾霸占河道筑堰阻水经营磨碾以谋利，极大地妨害农民正常的耕种，于是“破豪家水碾利民田，顷凡百万”。

韩愈有两个哥哥：会、介。韩会“善清言，有文章”，能说会写，颇受当时文坛名家李华、萧颖士的赏识。他对于时行的绮艳文风，“慨然独鄙”。作《文衡》一篇，强调文章必须“统三才”“理万物”“叙损益”“助教化”“陈善恶”“备劝戒”，反对离本逐末、浮诞僻放、追求形式主义。他与当时的名士卢东美、张正刚、崔造交友，好谈经世韬略，以王佐自许，时人称为“四夔”（夔，指尧时的贤臣）。大历年间任起居舍人。“有德行言词，为世轨式”（《韩滂墓志铭》）。大历十二年（777），宰相元载被唐代宗处死，韩会被认为元载同党，因而被贬为韶州刺史。不久死于韶州，终年仅四十二岁。韩介“为人孝友”，任率府参军，有二子：百川、老成。老成过继给韩会，有二子：湘、滂。

韩愈有三个堂兄弟：俞、弇、岌。韩俞、韩弇是叔父云卿之子。韩俞任开封尉，“喜酒色狗马”，不务正业。有二女三男。长女嫁四门博士周况，次女嫁殿中侍御史张彻；三男名无竞、启馀、州来。韩弇任秘书省校书郎，监察御史。有女嫁韩愈的学生李翱。韩岌是叔父绅卿的儿子，任虢州司户，韩愈说他“以能官名，少而奇，壮而强，老而通”。

韩愈有二男五女。儿子昶，小名符，官至检校户部郎中兼襄州别驾。昶有五子：纬，官复州参军；绾，咸通四年进士；衮，咸通七年状元及第；绮、纨俱为进士。（《韩愈祖孙五代世系表》见本章后附）

从以上叙述看来，韩愈的家世有两个方面值得注意：一是世代为官，但多为中小官吏；一是世代能文，尤其是叔父云卿和哥哥韩会都曾在文坛上有过一些活动，这些对韩愈的成长有多大的影响，史籍上未有明确的记载。但韩愈一生为官为文的生活道路与他的世代家风、家庭环境是不会没有关系的。

韩愈的一生是颇为坎坷的。他虽然出生在官僚之家，但从幼年开始，就尝到了人生的苦难。

韩愈三岁时，父亲就去世了。他由乳母带大，由大哥嫂抚养。

大哥韩会约比他大三十岁，因为有文学才能，年少出众，大历十年（775）被选拔到朝廷中书省任起居舍人，负责记录代宗皇帝日常生活的言论行事。

当时的宰相元载权倾朝政，私下结交内侍宦官，经常窃知皇上旨意；在朝“排去忠良，引用贪猥”，激怒朝官；又生活奢侈，“城中开南北二甲第，室宇宏丽，冠绝当时”。近郊起亭榭、城南置别墅凡数十所，婢仆百余人，“恣为不法”，“众怒上闻”，大历十二年，代宗处死元载，并由此贬谪了一批认为有牵连的官员（《旧唐书》元载本传）。韩会也被贬到韶州任刺史。韶州即现在广东省韶关市。

唐代文官分为九品三十等：一品至三品分正、从，四品以下除正从之外，还分上下。刺史是州的最高长官，官阶正四品下，比起居舍人的官阶从六品上还要高，为什么说是贬官呢？原来，在唐代士大夫的心目中，在朝廷当官比在地方当官荣耀，在京城当官比在外地当官荣耀。在朝官中，能在皇帝身边任职，就表示得到相当的信任。现在，韩会从皇帝身边一下子被撵到当时还来不及开发，还相当贫穷落后的韶州，即使官阶提升了，也是明显的贬官。

韩愈当时才十岁，作为被贬官员的家属，在人们的冷落中，跟着哥嫂从京城长途跋涉来到远离中原的地方。谁知祸不单行，不久韩会死于任上。按当时的习俗，韩会的尸骨必须归葬于祖茔。嫂子郑氏带着幼子和韩愈经受着水路、陆路的劳顿，将韩会的灵柩运回老家河阳安葬。寡嫂将雏，长途跋涉，个中情景，不难想见。

这时的中原正是多事之秋。大历十四年（779），德宗即位，重用奸相卢杞，所行的措施进一步加剧了中央政府和地方军阀的矛盾。建中二年（781），成德镇李惟岳与魏博镇田悦、淄青镇李正己纠合在一起，为争得节度使传子制而出兵与朝廷对抗。朝廷在制服三镇的同时，由于权益分配上的矛盾，中原地区又出现了军阀自强、割地自立的混乱局面。次年十一月，朱滔、田悦、王武俊、李纳皆自称为王：朱滔称冀王，为盟主；田悦称魏王，王武俊称赵王，李纳称齐王。十二月，李希烈自称天下都元帅。建中四年（783）十月，朱泚反叛朝廷，占据长安，自称大秦皇帝。德宗逃到奉天（今陕西省乾县）。兴元元年（784），兵据许州的李希烈袭陷汝州，又派兵四出抄掠，围郑州，数败官军，骑兵甚至骚扰到彭婆（洛阳南面的小镇）附近，使东都洛阳士民大为震骇。

大概就是在这个时候，嫂子郑氏又带着一家幼小，辗转避乱来到江南的宣州——那里有一处韩愈祖代遗下的别业。当时韩愈大约十七岁。

由上可知，韩愈的少年时代是在动荡不安的社会环境和不断变迁的家庭环境中度过的。

在韩愈的记忆中，父母并没有留下什么印象。尤其是他的生母，可能在韩愈出生一个多月就去世了。韩愈从未直接提到过她[①]。

---

① 关于韩愈的生母，史料阙如。韩愈五十四岁任国子祭酒时，朝廷曾下诏追赠韩愈亡母为郡国太夫人，但韩愈本人从未提及他的生母。学者考证认为他的生母可能是婢妾。

使韩愈刻骨铭心、念念不忘的是嫂夫人郑氏。因为韩愈自父亲去世以后，全靠哥嫂抚养。郑氏把他当亲生儿子看，承担起做母亲的责任。对韩愈“念寒而衣，念饥而飧”，使“疾疹水火，无灾及身”。在韩会被贬，举家南行，到韩会去世，举家扶柩归葬中原，以及中原时艰，举家避乱于江南的长年累月中，郑氏不仅克尽妇道，而且履行家长之责，为韩愈的长大成人而劳心劳力。正因此，韩愈对她的感念极深。为了报答她的养育之恩，韩愈曾下决心要“禄仕而还，以为家荣”；可惜直到嫂子去世，韩愈尚未谋得一官半职，难免大呼“有志弗及，长负殷勤！”后来，韩愈二十八岁那年，郑氏去世，才急忙从京师赶来河阳为之办理丧事，写了感人至深的《祭郑夫人文》，赞扬嫂子的妇德，并且为她服孝一年。

除了郑氏之外，韩愈还感念他的乳母李氏。韩愈襁褓失恃，乳母“不忍弃去，视保益谨，遂老韩氏”。她看着韩愈长大成人，读书做官，仕途升迁，直到韩愈四十四岁那年才病故，享年六十四岁。韩愈亲自为她料理后事，带着家小为她送丧。

韩愈的早年生活中，还有侄儿老成与他有密切的关系。老成本是韩介的儿子，因韩会无子，便过继给韩会，因此，和韩愈一起在嫂夫人郑氏的抚养下长大。论辈分与韩愈是叔侄，论年纪，却无异是兄弟。郑氏常常语重心长地说他俩是韩家两代的希望。

他们“零丁孤苦，未尝一日相离”，在郑氏的悉心照料下，经历了应举之前必经的刻苦读书的岁月。后来，韩愈离家赴京应举，在外客居不久，就回来探视过老成。还写过《河之水二首寄子侄老成》，其中一首：

> 河之水，去悠悠，我不如，水东流。我有孤侄在海陬，三年不见兮，使我生忧。日复日，夜复夜，三年不见汝，使我鬓发未老而先化。

谋得官职之后，郑氏已经过世，韩愈就要求老成搬来同住。谁知搬迁未果，老成竟英年早逝。噩耗传来，韩愈悲痛至极，妥善安排了丧事，承担起抚养老成家小的责任，并写了感人至深、催人泪下的《祭十二郎文》。

韩愈作为官家儿子，读书做官，继承父志是他的当然的人生道路。他与历史上其他许多名人一样，走过一段不短的自我磨砺的人生历程。

他七岁读书，聪颖过人，“读书能记他生之所习”（李翱《韩公行状》），“日记数千百言”（《新唐书·韩愈传》）；十三岁能写文章，“意语天出”（皇甫湜《韩文公神道碑》）。韩愈后来写的《复志赋》说：“值中原之有事兮，将就食于江之南。始专专于讲习兮，非古训为无所用其心。”可见他在宣州的两三年中专心致志于读书。

韩愈自小读的是什么书呢？他自己说是“经传史记百家之说”（《上兵部李侍郎书》）。皇甫湜为他写的神道碑，说他“悦古学，业孔子、孟轲”。从韩愈后来在文学方面的建树看，他的确自小饱读百家之作，但最用心研读的还是儒家的著作。正如他自己总结的：“平生企仁义，所学皆孔周。”（《赴江陵途中寄赠王二十补阙、李十一拾遗、李二十六员外翰林三学士》）这为他后来倡导复兴儒学打下了基础。他的这种勤奋好学的习惯直到长大为官，甚至成了名人，都保持不变。难怪他后来当国子博士（教授）时，还借弟子之口说自己“口不绝吟于六艺之文，手不停披于百家之编；记事者必提其要，纂言者必钩其玄；贪多务得，细大不捐。焚膏油以继晷，恒兀兀以穷年”（《进学解》）。

毫无疑问，韩愈努力读书是为了应举登第。只有应举登第，才能光宗耀祖。只有应举登第，才有机会在政坛上施展才干。“我年十八九，壮气起胸中”（《赠徐州族侄》），“念昔始读书，志欲干霸王”（《岳阳楼别窦司直》）。当他走完了自己的少年途程之后，便鼓起了勇气，拜别了对他有养育之恩的嫂夫人郑氏和朝夕相处的侄子老成，到京城加入拼搏应举的行列，尽尝十年求官的苦辣辛酸。

韩愈祖孙五代世系表:

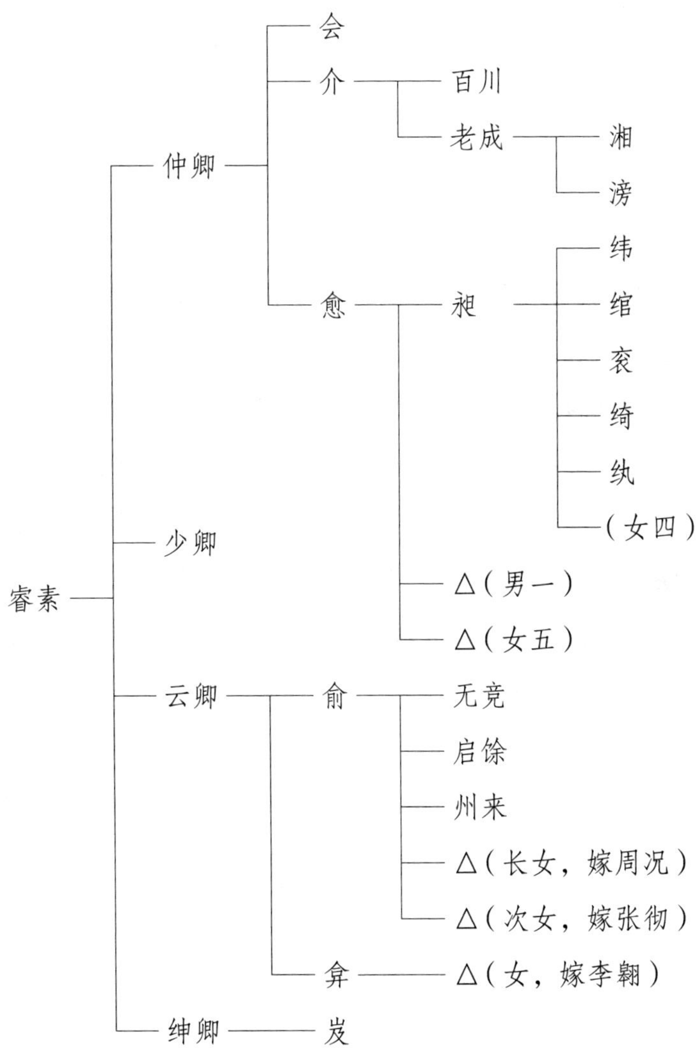
会
介
百川
老成
湘
滂
仲卿
纬
愈
昶
绾
衮
绮
纨
（女四）
少卿
睿素
△（男一）
△（女五）
云卿
俞
无竞
启馀
州来
△（长女，嫁周况）
△（次女，嫁张彻）
弇
△（女，嫁李翱）
绅卿
岌

由此可见，比明经科还要受人们重视的进士科，当有更加激烈的竞争。但举子应进士试，不怕屡试屡败，而坚持屡败屡试，有的老死科场，亦无所恨。进士科的考试课程除了诗、赋之外，还有时务策。

贞元五年（789），韩愈二十二岁，他认为自己准备得差不多了，于是应进士试，谁知并未及第。

韩愈首试落第，难免产生茫然不知所措的情绪。幸好他不为挫折所困，为了达到应举及第的目的，他沉住气，“朝骋骛乎书林，夕翱翔乎艺苑”（《复志赋》），继续坚持“开卷读且想”，相信“天命不吾欺”（《出门》）。

贞元六年（790），他回了一趟宣州探望嫂子郑氏和侄儿老成。可能还依嫂夫人的意愿娶了卢氏为妻，完成了男大当婚的人生任务①。

落第的处境使韩愈初尝求仕的苦涩，也初步了解社会，了解人生。

在寒窗苦读的同时，他也注意与一些志同道合者交朋友，从中互相支持、互相鼓舞。这些朋友中有李观、孟郊、陈羽、崔群、李绛等。

---

① 韩愈何时结婚，文献没有明确的记载，此处从当时的习俗和韩愈行状推断。

李观，字元宾，是著名文章家李华的侄子。当时也与韩愈一样在京城寒窗备考。韩愈与他一见相知，结为忘形之交。他在《北极一首赠李观》诗中，把李观比为还受羁绊的鲲鹏，相信有朝一日必定能高飞万里。

孟郊，字东野，湖州武康（今德清县）人，性格孤僻，很少与人交往。早年隐居嵩山，以苦吟诗句为乐。四十一岁才奉母亲之命到京城应举。他深感京城贫富悬殊，没有他的立足之地，写了不少愤世嫉俗的诗篇。他比韩愈大十七岁，与韩愈相识之后，就频频前来相会。韩愈非常欣赏他的诗才，常常“清宵静相对，发白聆苦吟”（《孟生诗》）。他写诗赠送孟郊，认为“陋室有文史”，胜于“高门有笙竽”（《长安交游者赠孟郊》），勉励彼此以志相娱。

陈羽，江东（今江苏苏州）人，在京城应举，举目无亲，与韩愈相识之后，二人就常常“悄悄深夜语”（《落叶一首送陈羽》），成了知心朋友。

崔群，字敦诗，清河（今河北省清河县）人。李绛，字深之，赞皇人。二人与韩愈、李观同为在京待举的士子，因志同道合，定交为“四君子”。他们经常一起去向当时的先辈梁肃请教，得到梁肃的赞赏和奖掖。

但严峻的现实使韩愈清高不得。他也不得不随从流俗去干谒当政的达官要人。因为应考者众，及第者少，这种僧多粥少的局面自然加剧了举子之间的竞争，许多人便千方百计打通关节，“走后门”。有裙带关系者当充分利用裙带关系，无人际关系可利用者则看准权豪势要，投书自荐，还要附上自己的诗文大作，希望得到赏识，让他向主考官推荐。韩愈也不例外。他回江南老家探亲路过河南道住宿于新郑县旅店时，就抱着侥幸的心理给滑州刺史、义成军节度使（加领宰相衔）贾耽写了一封自荐求用的信，说自己“读书学文十五年，言行不敢戾于古人”，但多年来“周流四方，无所适归”。他还随信附上所作文章15篇，希望贾耽考察他的文学才能，怜悯他的处境，为他及第助一臂之力，但是没有结果。

贞元八年（792），韩愈二十五岁。他第四次参加进士考试，考中了。他的好友李观、李绛、崔群也同榜登第。这次考试的题目是《明水赋》和《御沟新柳》。《明水赋》见于韩愈文外集，是否真出自韩愈手笔，尚可讨论。就作品而言，并无任何出众之处。《御沟新柳》诗已失传。从李观所作《御沟新柳》诗看，这类应试命题之作是难有佳构的。登第并非因为诗文出众，而往往是因为有别的背景。果然，后来韩愈也知道这次能登第，是由于梁肃向主考官陆贽推荐的结果。

这次登第的还有欧阳詹。韩愈早在避乱江南时就已多次听到欧阳詹这个名字，现在同榜登第，自然有机会见面了。二人相见恨晚，自此成为挚友。

这次与韩愈同榜登第的还有冯宿、王涯、张季友、刘遵古、侯继等二十三人，其中不少人在当时已小有名气，有的人后来还官至宰相。难怪被称为“龙虎榜”。

进士及第，使韩愈在求官的道路上看到了一线光明。但是，按照唐代任官制度的规定，在礼部进士及第以后，还得参加吏部的选拔试（称“博学宏辞”或“拔萃”科），考上了才授予官职。也就是说，进士及第仅仅是有做官的资格而已。而初唐以来，每年礼部及第的人数大大超过吏部选拔补充官员的人数。例如唐高宗初年，每年吏部选人最多约五百人，而每年礼部登第者大约一千四百人。五六年后，显庆二年（657），有及第资格而未有官做的已有六七千人之多。到了总章二年（669），出现了“十人竞一官”的局面。所以，在吏部的考试中，竞争显得格外激烈，营私舞弊的现象也格外严重。这种情况到韩愈应考之时，有过之而无不及。韩愈身不由己地加入了这种竞争之中，最突出的表现是他更积极地进行投书干谒的行动。

当时他写了《争臣论》，就谏议大夫阳城在任上不履行言责一事提出批评。按职官规定，谏议大夫的职责是就时政的得失向皇上进谏的“言官”。阳城身为谏议大夫，熟知朝政得失，却长时间缄默不言，韩愈认为是失职的表现。韩愈提出："有官守者，不得其职则去；有言责者，不得其言则去。"文章词锋咄咄逼人，是少年气盛，一气呵成之作。《新唐书》阳城本传载："韩愈作《争臣论》讥切之，城不屑。"即是说，他对韩愈的讥切根本不屑理会。据史书记载：阳城是"谦恭简素"，德行颇有口碑的言官。在他当谏官的时候，别的谏官过于计较小事，频频行谏，使皇上十分厌烦。于是他对小事佯装糊涂，不行谏疏。但在大事面前，他则十分清醒，廷谏不让。韩愈写作此文的目的大概是要表现自己具有正直的品格，有为政的责任心，有敏锐的观察力。有人说这是写给阳城的，目的在用"激将法"，希望阳城会因此而引荐他。其实，即使不是写给阳城而是写给别人，也一样是他谋官的手段而已。

贞元九年（793），韩愈二十六岁。他首次应吏部博学宏辞科考试。应考之前，他写了《与韦舍人书》，是一封干谒求荐的信。

这次的考题是《太清宫观紫极舞赋》和《颜子不贰过论》。韩愈所作的赋已佚，而文却存于文集之中。《颜子不贰过论》系就孔子的得意门生颜回"不贰过"发议论。"颜子不贰过"是孔子对颜回的赞语。原文是："哀公问：'弟子孰为好学？'孔子对曰：'有颜回者好学，不迁怒，不贰过。不幸短命死矣，今也则亡，未闻好学者也。'"（《论语·雍也》）显然，原文的意思是说颜回为人修养好，不迁怒于人，有了过失一定改正，不再重犯。

韩愈是怎样议论的呢？他认为：

> 圣人抱诚明之正性，根中庸之至德，苟发诸中形诸外者，不由思虑，莫非规矩；不善之心，无自入焉；可择之行，无自加焉：故惟圣人无过。所谓过者，非谓发于行、彰于言，人皆谓之过而后为过也；生于其心则为过矣。故颜子之过此类也。不贰者，盖能止之于始萌，绝之于未形，不贰之于言行也。

本来，孟子曾说过："人非圣贤，孰能无过？过而能改，善莫大焉。"韩愈却说"圣人无过"，不仅言行上无过，就连思想活动也不会有过。而颜回在思想活动上就难免有过了。但是他能把"过"止于想念之间，绝不形于言行，因此被孔子称为"不贰过"。显然，韩愈是在挖空心思企图迎合命题的旨意，而实际上并不符合孔子的原意，因此文章根本就说不上有什么价值或意义。由于符合主考官的口味，初选入围了。但复审时却被淘汰了。他深知其中原委，于是给当时姓崔的主考官写了一封信，说自己年纪还轻，对于从仕的早晚本来是不着急的，无奈在京城已经"无僦屋赁仆之资，无缊袍粝食之给，驱马出门，不知所之"，所以才不得不到考场上去争一胜负。又说明自己不像某些考生那样哗众取宠。这封信的目的是在感谢主考官让他初选入围，又希望得到同情，为下一次再考预做干谒。

贞元十年（794），韩愈二十七岁。他再次应吏部博学宏辞科考试，再次落选。

这一年，他的好友李观病逝。李观于去年与韩愈同赴吏部考试，通过了，授予太子校书的官职。但他身体不好，韩愈曾写了《重云一首李观疾赠之》对他表示慰问。诗中称赞李观有君子之志，又劝李观少忧伤国事，多保重身体要紧。没想到不久李观就病逝了。韩愈为之撰写墓铭，称赞他“才高乎当世，而行出乎古人”，感叹他英年早逝。

贞元十一年（795），韩愈二十八岁。他第三次应试，依然落选。

连续几年一再落选，使他对在京应考任官的前途失去了信心。他经济拮据，生活发生了困难，难以继续滞留京城参加并无把握的考试。于是他决定离开京都。这时，他的朋友侯继连续来了两封信，他便复信说，自己“方当远去，潜深伏隩，与时世不相闻”。但这并不是从此就自暴自弃。他对侯继说，正可以利用“无朝夕役役之劳”的机会，补读“礼乐之名数，阴阳土地星辰方药之书”（他认为这些方面的知识，自己“未尝一得其门户”）。

同时，他也希望这样做说不定会有新的出路："冀足下知吾之退未始不为进，而众人之进未始不为退也。"

其实，韩愈决定离开京都，还有一个重要原因是他看透了科场的真相。当时，他的朋友崔立之给他写了一封信，勉励他像卞和献玉一样，坚持下去，终会有成功的时候。他回信直率地陈述了对考试的观感和自己的志向，说：在京城看到那些考中进士的人被人称赏，自己就去向他们求教，有的人拿出应考时的诗赋策对给他看，他看了后觉得大失所望，以为那些低劣得很，"可无学而能"。但考官凭自己的好恶来评判高低，你拿他没办法。后来他又看到那些经吏部考试中选的人所写的文章，也与上述同类。这样，他对自己不被选中就不感到羞愧了。他想，那些被选中的人其实是没有真才实学的，如果屈原、孟轲、司马迁、司马相如、扬雄等人生于今日，也决不愿意去考场竞一胜负的。他解释自己所以隐忍就试，一是为了"具裘葛，养穷孤"，二是为了将来可以干一番事业。现在，三选于吏部无所获，见笑于人，他决计不再走这条路了。他要从研究国计民生入手，求知于卿相，获取任用。如果不行，则退隐山林，"求国家之遗事，考贤人哲士之终始"，著书立说，传于后世。这封信总结了他将近十年在求仕路上的思想认识和转变。从此，他在一段时间里，也和他所推崇的前辈诗人李白一样，鄙弃科场，而孜孜于干谒求用。所不同的是他求仕之心比李白更急，干谒的行动比李白更积极。

就在他第三次应吏部选落第之后不久，正月二十七日便给当时的宰相（赵憬、贾耽、卢迈）写了一封长信并附上所著诗文若干。信中介绍了自己勤于儒学，“四举于礼部乃一得，三选于吏部卒无成”，处于“遑遑乎四海无所归”的状况。同时又引经据典说明自古以来贤相必不遗贤才，希望宰相能对他量材录用。十九天后，他又再上宰相书，说自己处境的艰难，无异乎人之溺于水、热于火。言下之意是：当宰相的不能见死不救。甚至于说古时的贤相对有才能的强盗也还录用，何况自己总比强盗强吧！辞气咄咄逼人，可见写信之时，怒火中烧。但两信俱无回音。韩愈三次登门求见，被守门人拒之门外。二十九天后，三月十六日，他三上宰相书，用大段文字说周公相成王之时，国泰民安，四夷皆服，风调雨顺，来求见之士，才能不及百官，然而周公还是殷勤相待，唯恐怠慢于人。而当今的宰相也在治国方面做出成绩，然而总还比不上周公吧，而求进见之士，又并不都比百官差，所以更应该“引而进之”，量材录用，“不宜默默而已”。信中谈到自己急于求仕乃出于“忧天下之心”。这封信显然已带着责备与埋怨的情绪。

韩愈一直等到五月，依然未见答复，于是带着失望和惆怅的心情离开京城。出了潼关，路上见到某地某官派人向皇帝进贡白乌、白鸜鹆，所到之处，耀武扬威，“东西行者皆避路，莫敢正目”。于是感慨生悲，写下《感二鸟赋》，其序文说：

> 幸生天下无事时，承先人之遗业，不识干戈耒耜、攻守耕获之勤；读书著文，自七岁至今，凡二十二年，其行己不敢有愧于道，其闲居思念前古当今之故，亦仅志其一二大者焉；选举于有司，与百十人偕进退，曾不得名荐书，齿下士于朝，以仰望天子之光明。今是鸟也，惟以羽毛之异，非有道德智谋承顾问赞教化者，乃反得蒙采擢荐进，光耀如此。故为赋以自悼，且明夫遭时者，虽小善必达；不遭时者，累善无所容焉。

可见韩愈这时怀才不遇的惆怅之情，不能自抑。虽然人不及鸟，但他并未彻底灰心。一方面他不断修养自己，磨炼笔头，一方面继续寻找机会，让达官显宦了解他的才干。

九月，他往洛阳，经过古代田横墓地，写了《祭田横墓文》。田横是秦末义士，在楚汉战争中自立为王，为汉军所破，投奔彭越。刘邦即位，他怕有杀身之祸，便带着五百门徒逃入海岛。后来，刘邦出于安定大局的需要，赦免了田横，并予封官，召他前来洛阳。他不愿做汉朝臣子，遂于半途自杀。消息传到海岛上，他的五百门徒也一同自杀。韩愈有感于田横好士，有五百人追随他；但却没有一人能帮助他脱离困境，以至于自刎身亡，可见并未得到真正的贤士。暗示当今如果有像田横那样好士的人，则贤于田横五百志士的人必定会慕名而至。这可说是借古喻今，以古人酒杯，浇自己块垒。文中还直接表达自己的立身行事，说：“苟余行之不迷，虽颠沛其何伤？”

这年秋天，韩愈的嫂嫂郑氏病逝，韩愈赶回河阳料理丧事，并且服孝一年。

在洛阳，一个偶然的机会与人论画，韩愈拿出自己在京师时得的一幅名画来与大家一起品论。这画是他在京应考时，与同居的独孤申叔弹棋获胜赢来的。而论画中有一个叫赵侍御的，一见这画就非常动感情，说这画是他二十年前从“故本”上临摹而来的，后来客游闽中不慎而丢失。韩愈见此情景，就大方地将此画赠送给他，而将画中的情景用文字记述下来，写成了《画记》。

贞元十二年（796），宣武节度使李万荣身患瘫痪，朝廷委任刘沐代理军政。李万荣的儿子不满朝廷的决定，聚众轰走刘沐，欲取而代之，被监军俱文珍拿获送至京师。不久，中央另派东都留守董晋领宰相衔任宣武节度使，驻镇汴州。

唐代任官制度规定，州县以上各品新任官员均须通过中央委任。文官由吏部选拔委任，武官由兵部选拔委任。但是，由朝廷派驻各地的节度使、观察使等大官，其属员可由其自行选定报中央核准。而各具野心的节度使等地方官吏也乐意借此搜罗人才，扩大影响。由此，一批考场上的失意者就往往在干谒这些大官时被录用而走上仕途。

韩愈就在这年秋天在洛阳被董晋聘为观察推官，与董晋同往汴州，从此结束了十年蹭蹬、求仕无门的处境，跨进了当官的行列。虽然如此，他毕竟未能在及第授官的显荣道路上迈开大步，这个不得志的开端，对于他今后的思想和事业，影响还真不小。

三　幕僚岁月

当节度使的幕僚，这在韩愈来说，实在是不得已的。他虽然不像李白那样明确地说当官就要当宰相，但他也曾有远大的抱负。“念昔始读书，志欲干霸王。”（《岳阳楼别窦司直》）这是他能在京城苦居将近十年的主要动力。但是，十年奔波，事与愿违，兄弟早死，家境已衰，侄儿亲戚需要他供养。在这种情况下，他不得不面对现实，接受董晋的聘请了。

董晋当时以宰相的资格、东都留守的身份去兼任宣武军节度使，其副手是行军司马陆长源（原汝州刺史）。为了壮大自己的实力，董晋确实需要物色各种人才作为僚佐。韩愈的叔父韩绅卿与董晋曾同为淮南节度使崔圆的僚属。因为这种关系，董晋聘韩愈为幕僚是可以理解的。

观察推官，是节度使、观察使的属员，负责处理一些文书杂务，并没有什么实权，级别又很低，韩愈是以秘书省校书郎的级别（正九品）任观察推官的。但他随董晋到汴州之后，迟迟未正式就任。这可能是因为报请朝廷核准的过程拖延了时间。由于叔父与董晋曾为同僚的关系，韩愈得以在正式就任之前成为董晋幕府的清客。但即使后来正式就任，也并无大事可做。韩愈的工作大概就是奉命陪客，奉命为文。

贞元十三年（797）春，监军俱文珍返京，韩愈就奉命撰写了赠诗与送序。监军作为一种制度，是在平定“安史之乱”中确立起来的，它实际上是皇帝依赖宦官来督察在外的朝官的一种措施。既妨碍朝官大臣发挥作用，又在客观上放纵了宦官的专权，事实证明这是唐代政治的弊端之一。韩愈所写的赠诗与送序对俱文珍却颇多称颂，难怪后人对韩愈颇多微词。其实，具体分析一下个中情况，还是不难找到客观公正的结论的。

《送汴州监军俱文珍序》全文如下：

> 今之天下之镇，陈留为大。屯兵十万，连地四州，左淮右河，抱负齐楚，浊流浩浩，舟车所同。故自天宝已来，当藩垣屏翰之任，有弓矢铁钺之权，皆国之元臣，天子所左右。其监统中贵，必材雄德茂，荣耀宠光，能俯达人情仰喻天意者，然后为之。故我监军俱公，辍侍从之荣，受腹心之寄，奋其武毅，张我皇威，遇变出奇，先事独运，偃息谈笑，危疑以平。天子无东顾之忧，方伯有同和之美。十三年春，将

如京师，相国陇西公饮饯于青门之外，谓功德皆可歌之也，命其属咸作诗以铺绎之。

由此可见，这篇送序是奉命之作，作为地方镇将，为钦差大臣返朝送行，说几句颂扬的客气话，总是难免的吧。韩愈作为镇将的僚属，奉命而作，难道可以反其道而行吗？就俱文珍其人而言，贞元三年（787）闰五月，唐与吐蕃结盟于平凉州时，与韩愈的叔父韩弇同为与盟的官员。当时吐蕃无信毁约，掳杀不少唐军官兵，韩弇即此身亡，而俱文珍被掳后逃脱。韩愈由此对俱文珍有点好感就不奇怪了。贞元十二年（796），宣武节度使李万荣病死，其子李迺作乱，俱文珍参与将李迺拿获送至京师，这在韩愈看来，也是忠臣之举。因此，诗文之中对他颇多称颂，是合乎情理的。由于俱文珍在后来的“永贞革新”中扮演了不光彩的角色，后人就对韩愈的上述诗文也持反对态度，认为是谄媚之文，这是不客观、不公平的。

此时的另一奉命之作是《奏汴州得嘉禾嘉瓜状》。内容是写汴州地方出现了特殊的禾苗，“或两根并植，一穗连房；或延蔓敷荣，异实共蒂”。按《符瑞图》认为，这是“王者德至于地”的结果。韩愈为此奉董晋之命向皇上写奏章，代董晋对皇上歌功颂德。这自然是无聊之举，但也是可以理解的。

上述这种日子大概持续了一年，贞元十三年七月，韩愈因身体不适请假家居。在家写了《复志赋》。赋中回顾了少年生活经历，抒发了十年读书求仕的深沉感慨。对于获聘当幕僚，有一种知遇欲报的意愿。对于前途则颇为乐观，说：

往者不可复兮，冀来今之可望。

贞元十四年（798）正月，董晋命作东西水门，三个月后，工程竣工，举行庆典，韩愈为此写了《汴州东西水门记》。建筑水门是为了防御寇偷，作记刻石，自然也免不了要对董晋说些颂扬的话。

总之，韩愈在汴州担任的是幕僚之职，过的是清闲的日子。这正好为他广交文友提供了机会。

韩愈在汴州从贞元十二年七月至十五年二月（中间曾短时间病休）两年半时间，常与文人学士交往，或嬉戏消闲，或谈文论道，借以排遣心中苦闷。其中交情至深的有孟郊、李翱、张籍。

上一章中已经说到孟郊到京城应举与韩愈结为忘形交。在韩愈离开京城之后，贞元十二年，孟郊四十六岁终于登进士第，在一阵狂喜之后，写了《登科后》："昔日龌龊不足夸，今朝放荡思无涯。春风得意马蹄疾，一日看尽长安花。"不久即离京东归，道经和州，曾与张籍相会。明年，赴汴州做陆长源门下清客。韩愈佩服孟郊的文学才能，尊敬他的德行，同情他的仕途潦倒。有《答孟郊》诗云:“规模背时利，文字覷天巧。人皆余酒肉，子独不得饱。才春思已乱，始秋悲又搅。”二人还写过联句诗。贞元十五年(799)春，孟郊拜别陆长源，离开汴州东游之前，写了《汴州别韩愈》诗，流露了不得志的抑郁心情。而韩愈则写了《醉留东野》诗，对孟郊的深厚情谊溢于言表。诗中以李白和杜甫的交往来比喻自己和孟郊的交往，可见对自己诗艺的自信，也可见对孟郊诗艺的推崇。

李翱和张籍是韩愈到汴州之后新结识的朋友。韩愈《与冯宿论文书》说:

> 近李翱从仆学文，颇有所得，然其人家贫多事，未能卒其业。有张籍者，年长于翱，而亦学于仆，其文与翱相上下，一二年业之，庶几乎至也；然闵其弃俗尚而从于寂寞之道，以之争名于时也！

李翱，字习之，陇西成纪(今甘肃秦安)人，从徐州来到汴州向韩愈学文。张籍，字文昌，和州乌江(今安徽和县)人，经孟郊的介绍来汴州向韩愈学文。韩愈与他们互相切磋，使他们在诗文创作方面长进很快。张籍后来回忆说："籍在江湖间，独以道自将。学诗为众体，久乃溢笈囊。略无相知人，暗如雾中行。北游偶逢公，盛语相称明。名因天下闻，传者入歌声。"（《祭退之》）

在这个互相学习的过程中，韩愈也常常与他们互相驳难，与张籍就有过激烈的论争。

张籍赋性狷直，当时已颇有诗名。张籍所言符合儒家正道，正中韩愈下怀，颇得韩愈赏识。二人过从甚密，感情渐深。张籍在了解韩愈的思想与个性之后，给韩愈写了两封信，批评韩愈喜欢"博塞"（一种赌博游戏），又喜欢与人作"无实驳杂之说"（即不着边际的高谈阔论），这都是浪费时间；又说韩愈与人论辩问题，显得好胜而不甘示弱；尤其令人不解的是韩愈极力排斥佛老，只用口说，却不抓紧时间著书立说。韩愈对两封信都给予回答。他接受关于喜欢"博塞"浪费时间的批评，而对其余的几点作了辩解。他认为高谈阔论，总比沉沦酒色要好，何况有的谈论是故意开玩笑，有张有弛，正合文武之道；与人辩论不甘示弱，也是事实，但这不是自己好胜，而是好自己之道胜，所谓自己之道，即是孔子、孟轲、扬雄所传之道，这是张扬儒学的需要；至于在排斥佛老方面不抓紧时间著书立说，那原因比较复杂，当时信奉佛老者上有天子、宰相，下有庶民，光是口头排斥佛老，已经遭到指责，如果著书立说，那岂不要被当作疯子或骗子，遭到人身攻击？所以著书立说的事等晚年再干不迟。

这场朋友私人之间的论争，成了文坛上的美谈。论争加深了彼此的了解，增进了友谊。不久，韩愈以汴州考官的资格，选拔张籍为贡士赴京应进士考试。后来，张籍中举的消息传来，韩愈已经不在汴州了。

贞元十五年（799）二月，汴州这个多事之地又发生了祸乱。当时因董晋死，以行军司马陆长源知留后事。陆长源“性刻急，恃才傲物”，与他的部将平日为非作歹，至此又克扣军士赏钱，激起军士不满，于是在董晋出丧时，军士造反，杀了陆长源等人。军阀内讧，祸及汴州城内。当时韩愈为董晋出丧离开汴州，并未亲历祸乱现场，但是家小仍在汴州，小女还未断奶，实在令他担忧。幸好后来安全脱险，全家来到徐州投靠节度使张建封。

说来也是缘分，当初韩愈四举无成出京打算应聘幕僚之职的时候，本来是要去张建封幕下的。因为在京时，好友孟郊颇推崇张建封。孟郊在给张建封的诗中也推崇了韩愈。李翱在《荐所知于徐州张仆射书》（《李文公集》卷八）中说：“昌黎韩愈得古文遗风，明于理乱根本之所由。伏闻执事又知其贤，将用之；未及，而愈为宣武节度使之所用。”现在，汴州之乱使韩愈匆匆来到徐州，幸好张建封没有计较他的迟迟而来。

张建封，字本立，邓州南阳（今河南省南阳市）人。《新唐书》

本传载:“建封少喜文章，能辩论，慷慨尚气，自许以功名显。”他对韩愈的到来颇重视，让他住到符离城濉水的北面。秋天，聘韩愈为幕僚，以太常寺协律郎(正八品上)资格任推官职务。

从寓居符离到正式被聘为推官，几个月时间里，韩愈过着清闲的日子。正如他自己所写的:“箧中有余衣，盎中有余粮。闭门读书史，清风窗户凉。”这时，已经中举的张籍特来濉上会见韩愈。他们彼此如鱼得水，相处甚洽。“对食每不饱，共言无倦听。连延三十日，晨坐达五更。”到了分手时，韩愈写诗相赠，说:“淮之水舒舒，楚山直丛丛。子又舍我去，我怀焉所穷。”(具见《此日足可惜赠张籍一首》)当时，又有张彻也居于濉上，与韩愈成了邻居，于是经常来往，共同探讨诗文经籍，有时一起游山玩水。可以想见，这对韩愈在诗文创作上不会没有促进作用。

就在比较清闲的这段时间里，韩愈为董晋立传，写了《赠太傅董公行状》及《祭董相公文》，历述董晋生平事迹，流露了称颂之情。历来文人为死者立传，难免有过誉之词，韩愈当也不能例外。但韩愈为人所作的墓志、行状却并非全为“谀墓之词”。董晋在韩愈求官无门、潦倒不堪的时候，聘用了韩愈，不能不说是有恩于韩愈，韩愈为之写传，难免有个人感情渗于其中。但董晋的一生，并无什么劣迹。在受命节度汴州的过程中，还表现出一种大将风度。韩愈为他说好话还是有根据的。

汴州之乱使韩愈切身体会到军阀祸乱带来的痛苦，但他还没有深切了解到最受苦的是广大的人民群众，所以他所写的《汴州乱》二首还只是同情受害的官员的处境，并由此谴责朝廷对于割据的军阀只是姑息养奸，造成难以收拾的后果。

汴州之乱的现实促使韩愈进一步树立维护中央统治权力的思想。他就职于张建封幕下，眼看军阀吴少诚遣兵袭扰唐州，杀监军，掳掠百姓的叛乱事件，而张建封却安然处之，丝毫未有表示讨伐之意。于是韩愈借酒宴机会写诗（《赠张徐州莫辞酒》）加以讽刺，张建封却无动于衷。

贞元十五年（799）冬，韩愈受张建封委托朝正于京师，次年春从京师返徐州。这往返期间，他目睹中原战乱给人民带来的祸害，发出了“天下兵又动，太平竟何时”（《归彭城》）的感慨，并且指责当政者治国“失其宜”。他自己极想陈尧舜之道于王前，但始终无门报国，郁郁寡欢。这时，韩愈的怀才不遇已经与忧国忧民思想结合起来了，所以显得更为强烈，也更有时代现实意义。

韩愈朝正京师时，见到了好朋友欧阳詹。欧阳詹当时以国子监四门助教身份，带领一些同行及门生到宫殿去向朝廷跪荐韩愈为国子监博士。他们的要求虽然没有达到，但如此行为足见欧阳詹对韩愈人品学问的推崇。这种深情也令韩愈深为感动。韩愈在京师写诗赠欧阳詹，以驽骀为众所买而骐骥不得其售，比喻当时的用人现状，寄托对欧阳詹和自己怀才不遇的不平。欧阳詹在答诗中以芭蕉、茂葵有花无材却被植于阶前，而楩楠、松柏能为栋梁却生长于野外荒山之边，来表现同一主题。他们可谓心心相印了。

韩愈在京师时，从欧阳詹那里得知了太学生何蕃的事迹，颇受感动，于是写了《太学生何蕃传》，赞扬何蕃这个“学成行尊”、既孝又忠的不得志者。文章既为何蕃鸣不平，又为天下贫士的得不到公正待遇鸣不平。

韩愈这次赴京朝正，感受颇深。在回徐州的路上，写了《暮行河堤上》：

暮行河堤上，四顾不见人。衰草际黄云，感叹愁我神。夜归孤舟卧，展转空及晨。谋计竟何就？嗟嗟世与身。

从诗中可见韩愈对自己的前途颇多忧虑。这也不奇怪，因为现实处境与他的夙愿相去太远了。在徐州，他所做的工作与在汴州大致相同，无非是案牍文书和奉命陪客。对于张建封，韩愈除了写诗讽谏之外，也有诗文加以颂扬。

当时，徐、泗、豪三州节度掌书记厅落成，韩愈为之作记。这本是张建封为了纪念在徐州当过书记而后来成了名人的许孟容、杜兼和李博而建的，目的之一还是在为自己树碑立传。韩愈颇能领会主人的用意，作《徐、泗、豪三州节度掌书记厅石记》加以刻意颂扬：

> 书记之任亦难矣！……凡文辞之事，皆出书记。非闳辨通敏兼人之才，莫宜居之。然皆元戎自辟，然后命于天子；苟其帅之不文，则其所辟或不当，亦其理宜也。……南阳公（按：即张建封）文章称天下，其所辟实所谓闳辨通敏兼人之才者也。后之人苟未知南阳公之文章，吾请观于三君子；苟未知三君子之文章，吾请观于南阳公可知矣。

类似之作还有《爱直赠李君房别》，借送别张建封的女婿李君房的机会，来称赞张建封“举措不失其宜”，左右前后用人得当。

张建封喜欢打猎，韩愈奉陪之外，还为此而作诗，极尽笔力描写他“盘马弯弓”巧射野雉的矫健形象。张建封的属官在军田里逮住了一只白兔，韩愈就作文附会，认为这是武德盛行的征兆，然后称颂张建封说：“阁下股肱帝室，藩垣天下，四方其有逆乱之臣，未血斧锧之属，畏威崩析归我乎哉，其事兆矣！”（《贺徐州张仆射白兔记》）

韩愈这类文章中对于张建封的赞美，并非出于真诚，这是不难理解的。

贞元十六年（800）春，韩愈觉得在幕僚任上再也难以待下去了，因此决定秋天聘期满后离开徐州。这时他很怀念老朋友孟郊。

孟郊在贞元十二年（796）登进士第后即离京返乡（湖州）侍候老母，不去应吏部试，至此与韩愈分别已经几年了。韩愈给他写了一封友情可掬的信，叙说一年来自己的行踪及未来的打算，并盛情邀请孟郊前来相聚。但不到秋天，五月，韩愈就辞去幕僚的职务，离开徐州到洛阳去了。

韩愈之所以辞职离去，根本的原因是幕僚之职并非他理想的官职，他后来写给朋友崔群的信中说："贤者宜在上位，托于幕僚则不为得其所。"他总希望有机会的话要任职于朝廷，好实现自己的宏伟抱负。直接的原因则是他"操行坚正，鲠言无所忌"（《新唐书》本传），与张建封及其群僚难以相处。虽然张建封并不厌弃韩愈，有时也看重韩愈的才能，但韩愈始终觉得未被真正了解，未被真正使用。他当时给李翱的信中说："仆于此岂以为大相知乎？累累随行，役役逐队，饥而食，饱而嬉者也。其所以止而不去者，以其心诚有爱于仆也。然所爱于我者少，不知我者犹多，吾岂乐于此乎哉？"看来这并非庸人自扰之言，有例为证。

他曾给张建封写过两封信，第一封是认为当幕僚的要按时坐班，“晨入夜归”，受束缚太多，难以发挥个人的专长和积极性，言下之意是对他并未安排合适的工作。第二封是针对张建封喜欢无节制地击球，他认为作为军队的主帅，应该保持精力以主持军务。他还就此事写了《汴泗交流赠张仆射》诗，描写张建封参与的击球场面，并加以劝谏。两信都不见有积极反应。对赠诗虽有和作，但击球照行不误。这种冷漠，韩愈觉得难以忍受，终于导致聘期未满而辞职。

应该说，韩愈在是否离职这个问题上是经过激烈的思想斗争的。为生活计，他必须做下去，做下去则一家温饱不成问题；为前途计，他必须另谋出路，但路在何方？一时还看不清楚。这时他写了《从仕》诗：

居闲食不足，从仕力难任。两事皆害性，一生恒苦心。黄昏归私室，惆怅起叹音。弃置人间世，古来非独今。

所谓“从仕力难任”也即是品性坚直、不善周旋的意思。在两难抉择的情况下，他终于还是决定辞去幕职，到京城去候选，说不定还可以被选任为京官。

韩愈在往洛阳的路上，五月十四日，与十四年前就认识的李平相遇于下邳，他们一同游览了当地的名胜古迹。韩愈深为李生经过十四年的变迁而仍能保持以前那种质朴的本性所感动。同游还有侄女婿李翱（当时与韩愈的亡兄韩弇之女结婚不久）和十多年应举未中、近年才相识的朋友侯喜等人。

在洛阳逗留了几个月以后，冬天，韩愈来到京城，以正八品官的资格接受吏部的考核，准备接受新的官职。当时打算带侯喜同行，以便为他的应考提供一些方便，但因侯喜自有家事离去而未如愿。

贞元十七年（801）春，韩愈在京城与奉母之命赴吏部应考的孟郊相会。当时，孟郊尚未释褐；韩愈的另一朋友房次卿（字蜀客）也在京城，是一个“有大才，不能俯仰顺时，年四十余，尚守京兆兴平尉”的人。韩愈想及二友的潦倒，产生了同病相怜的感情。于是写了《将归赠孟东野、房蜀客》，诗云：

> 君门不可入，势利互相推。借问读书客，胡为在京师？举头未能对，闭眼聊自思。倏忽十六年，终朝苦寒饥。宦途竟寥落，鬓发坐差池。颍水清且寂，箕山坦而夷。如今便当去，咄咄无自疑。

所谓“归”，也就是归耕陇亩之意。这当然也是韩愈一时的激愤语，是对知心朋友一吐为快的牢骚。尔后，在等待任职期间，韩愈再次到洛阳游览，七月二十二日，与侯喜等人垂钓于洛水，并宿于洛北惠林寺。这段时间，韩愈寄情于山水之中。他写了《赠侯喜》，描写与侯喜垂竿钓鱼，大半天才钓到一寸二寸的小鱼，于是借题发挥，说“我今行事尽如此，此事正好为吾规，半世遑遑就举选，一名始得红颜衰”，表达了携带家小乐隐山林的念头。还写了《山石》一诗，描写游山玩水乐而忘忧的情景，表现了不愿屈居人下，为人所束缚的志向：

人生如此自可乐，岂必局束为人鞿？嗟哉吾党二三子，安得至老不更归！

这些正好说明几年来的幕僚生活给他的求仕热情浇了一瓢冷水，使他产生了避开人间世事，免惹忧愁的思想。但这并没有成为他思想的主流。儒家那种入世观念已经牢牢地在韩愈的头脑中扎根。“退隐山林”“避世隐居”，那只是挂在口头上，是发泄怀才不遇的牢骚的一种方式而已。

在洛阳期间，韩愈的思想是很复杂的。辞去幕职，是想换个好点的官职做。说要归隐，并不意味着就真的要归隐田园。不归隐田园，就要与世俗相处。韩愈作为现实生活中的一“士”，为了生存，他必须使自己成为“士大夫”，以获得薪俸用来养家糊口；为了理想，他必须获得较好的官职，以便发挥自己的从政才干。幕僚的职位，解决了他的生活问题。他在《与卫中行书》中说，在汴、徐任职之前，“方甚贫，衣食于人”，而任职期间，“日月有所入，比之前时丰约百倍”。但这并不能使他满意。他说：“仆之心或不为此汲汲也，其所不忘于仕进者，亦将小行乎其志耳。”正因此，他才辞去幕职，入京待选。

虽然韩愈任幕职五年期间，在仕途上无甚建树，但他却因此有大量的时间研读百家之书，试作各样文章，广交各界朋友，自觉不自觉地在做着复兴儒学、倡导古文、变革诗风的工作。这些方面的实绩，在下一章再做评述。

四　初任博士

贞元十八年（802），韩愈三十五岁。这年春天，韩愈调任国子监四门馆博士。这为韩愈从事文学活动提供了极大的方便。

唐代的国子监是中央礼部管辖的国家最高学府。其中分设国子学、太学、广文学、四门学、律学、书学、算学七种。设祭酒一人，司业二人，负责全面管理工作。担任教学工作的教师分博士（正七品上）、助教、直讲几个等级。各学的学生来源和数量以及教学内容都有明确的规定。四门馆学的学生来源是七品以上官员之子，有侯、伯、子、男爵位者之子，以及庶民中出类拔萃的青少年，其教学内容主要是儒家五经。国子监的学生结业考试合格者可以参加国家科举考试。

韩愈自小学习儒家经典，长大通释儒学，从事四门博士之任正是得心应手。这次任职，他有机会直接地、系统地向在校学生宣传儒家学说，又有足够的时间接待众多社会青年的来访，向他们传授治学、作文的经验。

本书第一章已经说过，韩愈的时代不是“独尊儒术”的时代，而是儒、道、佛三家思想并行的时代。因此，一些儒家信徒，深感儒学地位不尊而为之劳心费神。韩愈就是最突出的一人。他求仕十年，从幕五载，十几年来反复钻研儒学，又目睹儒学倾颓，佛、道盛行，因而忧心如焚，下定决心，“障百川而东之，回狂澜于既倒”（《进学解》）。为了维护儒学，他不仅在公开场合与人论争，从不让于人，而且写了不少阐述儒学的文章，锋芒直指佛老。《原道》《原性》《原毁》《原人》《原鬼》等文章，就是他着意经营的重要文章，这批文章鲜明地表达了他作为儒家忠实信徒、捍卫儒家学说的立场和观点。

《原道》是最集中体现韩愈哲学思想和政治观点的论文。文章边破边立：在严厉批判佛老思想中，宣扬儒家之道——仁义道德。文章认为：道家离开了仁义来谈所谓道德，而佛家则目无君父，不承认社会伦常和责任，二家的思想都是不足取的。唯有儒家之道足以称道。何谓儒家之道呢？他说：

> 博爱之谓仁，行而宜之之谓义；由是而之焉之谓道，足乎己，无待于外之谓德。

以儒家之道为指导建立的社会应该是什么样子呢？他作了具体

的描述：

> 其文《诗》《书》《易》《春秋》，其法礼、乐、刑、政，其民士、农、工、贾，其位君臣、父子、师友、宾主、昆弟、夫妇，其服麻丝，其居宫室，其食粟、米、果、蔬、鱼、肉，其为道易明，而其为教易行也……

显然，在这样的社会中，容不得佛经与道藏，容不下僧尼与道姑，不许穿袈裟，不主张住寺观、吃斋。在这样的社会中，君臣民的关系是怎样的呢？他指出：

> 君者，出令者也；臣者，行君之令而致之民者也；民者，出粟米麻丝作器皿、通货财，以事其上者也。君不出令，则失其所以为君；臣不行君之令而致之民，则失其所以为臣；民不出粟米麻丝，作器皿、通货财，以事其上，则诛。

显然，佛家所主张的“弃而君臣，去而父子，禁而相生养之道”，以及僧尼道姑不事生产，“不耕而食，不工而用，不贾而资”的现状，都在韩愈抨击之列。在这样的社会里，个人应有什么样的修养呢？韩愈说：

传曰："古之欲明明德于天下者，先治其国；欲治其国者，先齐其家；欲齐其家者，先修其身；欲修其身者，先正其心；欲正其心者，先诚其意。"

这与佛道所主张的"治心"而"外天下国家，灭其天常，子焉而不父其父，臣焉而不君其君，民焉而不事其事"显然是针锋相对的。

韩愈认为上述的儒家之道有其承传的历史：

尧以是传之舜，舜以是传之禹，禹以是传之汤，汤以是传之文武周公，文武周公传之孔子，孔子传之孟轲，轲之死，不得其传焉。

韩愈正是痛惜儒道之不传，造成了社会的种种弊端。佛道邪说的流行就是最大的祸害。为了根除社会弊端，韩愈认为除了大力宣扬儒学之外，还必须对佛道采取强硬的措施：

人其人，火其书，庐其居，明先王之道以道之，鳏寡孤独废疾者有养也，其亦庶乎其可也。

这就是说，烧毁佛老的经卷，把道观寺庙改造为民居，强迫僧尼道姑还俗，用先王之道，即儒家之道去教育、改造他们。

《原道》从人伦和经济两方面去批驳佛老，这在当时是颇有见地的。一般地说，从人伦方面来立论，容易为已经接受了传统思想的士大夫所理解；而从经济方面立论，则为当权者提出了为国致富的问题。在唐代以前的思想界种种论战中，很少有人能从经济方面去提出问题。书生议政，多不及经济，这是儒家思想传统培育出来的言不及“利”的必然结果。韩愈在这方面也仅仅是接触到问题的表面而已，但能这样提出问题，实属难能可贵。

《原性》是论述人性的论文。孟轲认为人性是善的，荀况认为人性是恶的，扬雄认为人性是善恶相混的。这都是性一品论者，而韩愈则认为人性分上、中、下三种，即是性三品论者。他说：

> 性之品有上中下三。上焉者，善焉而已矣；中焉者，可导而上下也；下焉者，恶焉而已矣。…… 上之性，就学而愈明；下之性，畏威而寡罪；是故上者可教，而下者可制也。其品则孔子谓不移也。

韩愈的性三品论与孟轲、荀况、扬雄的一样都是唯心主义先验论。所不同者在于：韩愈认为性是与情相联系的。所谓情，指的是喜、怒、哀、惧、爱、恶、欲。而情也有上中下三品。性三品与情三品是对应的。这就明显地带有对佛家理论的否定。因为佛家主张“无情与性”，否认人伦之情。

《原毁》是批判现实中出于妒忌心理和怠惰习性，从而形成毁谤的不良风气，是对当时社会道德堕落的谴责。

《原人》是《原道》中“仁”的理论的进一步发挥。认为：

> 天者，日月星辰之主也；地者，草木山川之主也；人者，夷狄禽兽之主也。主而暴之，不得其为主之道矣。是故圣人一视而同仁，笃近而举远。

讲的是博爱待人的道理。而将夷狄与禽兽并列，隐含着对夷狄和佛徒的鄙视。（韩愈在《论佛骨表》中说：“佛本夷狄之人。”）

《原鬼》承认鬼神的存在，凡“忤于天”“违于民”“爽于物”“逆于伦”者，则鬼神感应而下殃祸。这是宣扬天命论。

上述“五原”之论，涉及了哲学、政治、伦理、经济等方面的问题。韩愈在这些方面的认识与主张可以说都植根于儒家学说。在当时儒、佛、道三家都成为显学的情况下，韩愈俨然以儒家道统继承者的面目出现，既口说，又笔耕，为攘斥佛老、复兴儒学而努力。尽管佛、老未必就如韩愈所说的尽是邪说，但韩愈作为论辩的一方，抓住了对方的弱点，大加挞伐，确实能得到许多拥护者。更何况韩愈所论，立足点在维护大唐王朝的大一统和长治久安，因而也容易获得当权者的首肯。

果然不出所料，韩愈在任四门博士期间，不仅在校学生接受他的教诲，而且有许多校外青年来向他求教。例如有一个十七岁的青年李蟠，就来向韩愈请教六艺经传，韩愈不仅给予指导，还写了《师说》这篇著名文章赠他。

由于韩愈学有所成，又由于社会上还有相当多的青年要通过学习儒家经典进入仕途这种客观需要，韩愈成了青年求学者崇拜的人物。他虽然官职不高，但却像磁石吸铁一般把许多文人学士、青年后生紧紧地吸引在自己周围。他们或者登门求教，或者投书请益。他的家里常常聚满了来访的青年。但这种聚徒议学却给韩愈招来了诽谤和攻击。

为什么会这样呢？这主要是由于当时社会上存在着不重师道的不良风气造成的。

唐代的科举取士制度与以前的贵族世袭制度相比，有很大的进步性，但在实行的过程中，已逐渐地暴露出制度本身无法克服的弊端。“请托干谒”就是明显的弊端之一。一些举子千方百计巴结豪门，逢迎请托，一些大官利用职权营私舞弊。其恶果之一便是人们对于从师学习并不用心。这到中唐已经形成风气。韩愈说:“由汉氏以来，师道日微，然犹时有授经传业者，及于今则无闻矣。”(《进士策问》)张籍在给韩愈的信中也说:“今师友道丧，浸不及扬雄之世。”应举之士把从师当作选择进身之阶石，只重权豪不重师道，一旦及第当官，则将阶石抛开。在这种污浊氛围中，地位不高的人敢为人师，难免被认为没有自知之明，招来非难和讥笑。韩愈在这种情况下频频接待后学，本来就背时，加上他早已摆开了排斥佛老异端、捍卫儒学正统的架势，就更容易触犯思想界的对立面人物，更不必说他的满腹牢骚是对当政者的刺激。因此他遭到一些人的诽谤和攻击是必然的了。

但是，韩愈毫不畏惧，“犯笑侮，收召后学，作《师说》”，“抗颜为师”。蜀犬吠日，并不能阻挡太阳的运行。韩愈以自己的坦诚精神、渊博学问和民主作风博得了许多青年的尊敬。他在指导青年研学儒经、修养自己、增长文才的同时，对于品学兼优的学生也向有关方面加以推荐。如当时他借陆傪当吏部副主考官的机会，向他推荐品学兼优的学生侯喜、侯云长、刘述古、李翊、李绅、尉迟汾等十人，当年即有四人及第，另有五人于次年以后陆续及第。这事轰动了一时，青年学者争相向韩愈投书请益，时人称为“韩门弟子”。自此以后，韩愈到哪里，都是弟子满门。值得称道的是，韩愈不仅善待他的及门弟子，而且毫无门户之见。

陈彤不是他的及门弟子，仅有一面之交，因给他留下了好印象，他也热情地写序送他去应科举考试。

总之，得天下英才而教之，韩愈引以为乐。作为一个有成就的教育家，韩愈的事业是从这时起步的。本书后面还将再作评述。

这时的韩愈在文坛上已经饮誉多年。贞元九年（793），他在《与凤翔邢尚书书》中说："二十五而擢第于春官，以文名于四方。"贞元十九年，在《与陈给事书》中说："愈也道不加修而文日益有名。"这与他十多年来笔耕不止，写了一批与时俗文章不同，称得上别开生面的著名文章很有关系。

除了本章所说的"五原"和前面已经提到的《争臣论》《祭田横文》《送李愿归盘谷序》等名篇和一些书信之外，在四门博士任上，韩愈还写了足供称道的《师说》《送孟东野序》《送董邵南序》《祭十二郎文》等文章以及大量的书信。这些作品的共同特点是不遵时文习俗，即不采用骈体形式，而使用先秦两汉时代那种散体单行的"古文"形式。由于骈体形式讲究句式的对偶、字音的平仄，意思表达上又强调搬用典故，对写作和阅读设置了许多障碍。而先秦两汉散文却没有这些障碍，作者相对得到更多自由，读者也易于阅读，文章当然也比较容易传播。在韩愈之前，梁肃、萧颖士、独孤及等文坛名家就已经在为抵制骈文、倡导古文而努力，但始终未见明显成绩。韩愈在自己的笔下竟写出了这许多名篇，表现出不寻常的文学才华，使流行不息的骈体文相形见绌。可以说，这时他以古文为工具发表政见，宣传儒学，抒发感情，记叙事物，已经发展到成熟的阶段。这些文章都做到了言之有物，以情动人，完全抛开骈体文的矫揉造作、徒有丽词的恶习，而对于骈体文的对仗工整、声韵铿锵的特点，却能加以灵活使用，使自己的文章根据行文的叙述、抒情和议论的需要而有整有散、朗朗上口、通顺流畅，使读者觉得耳目一新。

正因如此，在韩愈任教前后，有许多青年前来请教写作古文的方法。韩愈就借和他们探讨文章作法的机会，阐述关于古文写作的理论。最为后人津津乐道的是与李翙的通信《答李翙书》。信中谆谆告诫李翙：要想“立言”，就得从根本上下功夫：

> 无望其速成，无诱于势利，养其根而俟其实，加其膏而希其光。

因为：

> 根之茂者其实遂，膏之沃者其光晔。

而所谓“根本”，即：

> 行之乎仁义之途，游之乎《诗》《书》之源，无迷其途，无绝其源。

这样，才能养好“气”。

> 气，水也；言，浮物也。水大而物之浮者大小毕浮，气之与言犹是也，气盛则言之短长与声之高下者皆宜。

信中韩愈还以自己二十多年实践经验相告。这里，韩愈已经把倡导古文和复兴儒学结合了起来。

再如对刘正夫的指导。《答刘正夫书》回答了古文写作中的几个重要问题：

> 问：“为文宜何师？”答：“宜师古圣贤人。”
>
> 问：“古圣贤人所为书具存，辞皆不同，宜何师？”答：“师其意不师其辞。”
>
> 问：“文宜易宜难？”答：“无难易，惟其是尔。”

信中还告诫：为文“若皆与世沉浮，不自树立，虽不为当时所怪，亦必无后世之传也”。并且认为：

> 若圣人之道不用文则已，用则必尚其能者；能者非他，能自树立，不因循者是也。有文字来，谁不为文，然其存于今者，必其能者也。

又如对尉迟生的指导。《答尉迟生书》回答了为文的关键是什么：

> 夫所谓文者，必有诸其中，是故君子慎其实；实之美恶，其发也不掩；本深而末茂，形大而声宏，行峻而言厉，心醇而气和；昭晰者无疑，优游者有余；体不备不可以为成人，辞不足不可以为成文。

假如联系韩愈在此前后有关古文写作的一些主张，如《答李秀才书》中所提示的对于古籍，既好其“道”，又好其“辞”；如《题欧阳生哀辞后》中所表白的“学古道则欲兼通其辞”等，就会发现，这时的韩愈在倡导古文方面已经有了比较成熟的理论作指导。在变革时文风尚中，既有实践的成绩，又有理论的指导，难怪韩愈成了这方面的核心人物。后人把韩愈视为当时提倡古文的旗手，不是没有道理的。

在变革文风的同时，韩愈也在努力变革诗风。他推崇李白、杜甫，但又另辟蹊径，欲自成一家。他的可贵处在敢于创新。与他的古文创作的成绩相比，他此时的诗歌创作还处于起步阶段。

有关韩愈的诗文创作的成就，本书后面还将有较详细的述评。

韩愈在任四门馆博士期间，接触了社会上各种各样的“士”，对现实社会有了进一步的了解。他渐渐地认识到，怀才不遇的不仅仅是他一个人，许多“寒士”也有同样的遭遇。例如他的好友欧阳詹，竟也在这时英年早逝。韩愈为之撰“哀辞”，表彰他的德行文章，心中特别难过。后来他还在给远在宣州的好朋友崔群的信上说：

> 自古贤者少，不肖者多。自省事以来，又见贤者恒不遇，不贤者比肩青紫；贤者恒无以自存，不贤者志满气得；贤者虽得卑位则旋而死，不贤者或至眉寿：不知造物者意竟如何？

勃郁不平之情溢于言表。虽然他还不能认识到这是君主专制统治下的必然产物，但他毕竟从切身经历中，说出了带有普遍意义的社会问题。一触及这个问题，他就心绪低落，与他指导青年积极求进、兼济天下的思想相反，他知难而退，产生了退隐的念头。他对崔群说，等任教期满，就回河南家乡，“终老嵩下”。

但是，和以往一样，当他产生退隐念头不久之后，他就更加迫切地要求入世施展才能。这是儒家修身齐家治国的思想对他起支配作用的结果。

他身为四门馆博士，却不为“馆”所限，有机会就主动去参政、议政。

贞元十九年（803）正月以来，连续五个月不下雨，京城附近已见饥荒，于是德宗下诏暂停吏部选、礼部举。韩愈出于对“寒士”的关心，上状论列暂停举选之弊：“一则远近惊惶，二则人士失业。”并指出，之所以长时间不雨，是因为“有君无臣”，即皇上虽然圣明，但群臣“不能尽心于国，与陛下同心，助陛下为理”。因此，希望皇上能任用“纯信之士，骨鲠之臣，忧国如家、忘身奉上者，超其爵位，置在左右”，以“辅宣王化，销殄旱灾”。发这些议论，足见他对社会民情的了解还相当肤浅，也可见他依然是书生议政，不着边际。这当然是不足为训的。但渴望从政为政的强烈愿望却是毫无遮掩的。

韩愈认为：“先达之士，得人而托之，则道德彰而名问流；后进之士，得人而托之，则事业显而爵位通。”（《送许郢州序》）为了获得调任朝官的机会，韩愈又不得不用心干谒权豪了。他毕竟是现实中有血有肉的人，并非不食人间烟火；毕竟是统治集团中的一员，而不是其中的叛逆者。

如果说，贞元十二年（796）以前，为了能够插足官场，他四出干谒权豪是第一个高潮的话，那么，这次在一年左右的时间里，为了在官场上得到提拔，他对于权豪的干谒便进入了第二个高潮。他先给当时以工部尚书任山南东道节度使的于頔上书，并附上所作文章十八篇。后给以工部尚书任京兆尹的李实上书，并附所作文章两卷十五篇，还给当时任内侍省给事的陈京上书，并附所作的赋、诗、文一卷。在这些上书中，韩愈不吝笔墨为对方歌功颂德。如说于頔“抱不世之才，特立而独行，道方而事实，卷舒不随乎时，文武唯其所用”，是“磊落奇伟之人”（《与于襄阳书》）。又如对李实说：“愈来京师，于今十五年，所见公卿大臣不可胜数，皆能守官奉职，无过失而已；未见有赤心事上，忧国如家如阁下者。”（《上李尚书书》）这与早年求仕的干谒书信相比，已经缺少了自觉怀才、理当为用的锐气，而代之以讨好求赐的口吻。可见官场的濡染使他变得世故多了。

不久，韩愈果然从四门馆博士调任监察御史，成了朝官，进入了官场的中心，展开了个人仕宦的新一页。

五　贬谪阳山

贞元十九年（803），韩愈三十六岁，在监察御史任上。

监察御史是御史台察院的属官，职责是监察百官，巡按州县。官阶正八品下。与四门馆博士相比，级别不是高了，而是低了，但职权却大得多了。按唐的制度，文官五品以上及两省供奉官，监察御史、员外郎、太常博士皆为常参官，也叫朝官。韩愈从此身份不同了。他曾自认为“前古之兴亡未尝不经于心也，当世之得失未尝不留于意也”。现在，他就任监察御史，比在国子监里有更多的机会了解官场现状，了解社会民情。这为他施展政治才干提供了机会。

韩愈是在七月到任的。到任不久，他就了解到不久前他所干谒的大官山南东道节度使于頔并非他投书中所说的那样堪负众望，而是对所属州县“公然聚敛”“横暴已甚”（《旧唐书》本传）。于是就借送朋友许仲舆赴郢州（属山南节度）上任的机会，写了《送许郢州序》，希望借此对于頔加以讽谏。序中说：

> 凡天下之事成于自同而败于自异。为刺史者恒私于其民，不以实应乎府；为观察使者恒急于其赋，不以情信乎州；由是刺史不安其官，观察使不得其政，财已竭而敛不休，人已穷而赋愈急，其不去为盗也亦幸矣。诚使刺史不私于其民，观察使不急于其赋，刺史曰，吾州之民天下之民也，惠不可以独厚；观察使亦曰，某州之民天下之民也，敛不可以独急，如是而政不均、令不行者，未之有也。

不久，又借送一位姓崔的朋友赴复州（属山南节度）上任的机会，写了《赠崔复州序》，勉励崔君做一个廉明清正的刺史，委婉地规劝于頔认识“赋有常而民产无恒”的道理，正视“民就穷而敛愈急”的现实，停止横征暴敛。

韩愈到御史台上任仅半年，就根据实情两次给皇帝上书。一次是“极论宫市”，一次是“论天旱人饥”。表现了一个正直官员的品格和对封建王朝应有的忠诚。

所谓“宫市”是指当时为了宫中的需要，派宦官作为采购员，到市场上强行购物，名曰购物，实为假借宫廷之名强行掠夺的腐败丑恶现象。韩愈极论宫市之弊，希望德宗皇帝下令废除。但由于积习已久，废除谈何容易。

韩愈论天旱人饥，是他从政之后的一件影响颇大的事。

贞元十九年(803)，京畿大旱，“种不入土，野无青草”，农村因此而动荡不安。不久前，韩愈曾向京兆尹李实投书请托，信中说，在李实治理下的京城地区物价平稳，社会安宁。这固然与韩愈需要对李实说几句奉承话以冀获取提拔有关，同时也与他脱离社会实际，只好照搬时臣歌颂升平的调子有关。现在，他当了监察御史，巡察民情，了解到在灾情面前，官吏并不减轻对人民的盘剥，使得一时饿殍遍地，才知道情况并不像他上书中说的那样太平安乐，李实也并非他上书中那样“赤心事上，忧国如家”。这时他才意识到上下官员多是报喜不报忧，结果是连皇帝也受了蒙蔽，这对于国计民生都是有害的。于是他给德宗皇帝上书，反映真实情况，说：

> 京畿诸县夏逢亢旱，秋又早霜，田种所收，十不存一。……租赋之间，例皆蠲免。……上恩虽弘，下困犹甚。至闻有弃子逐妻以求口食，坼屋伐树以纳税钱，寒馁道途，毙踣沟壑。有者皆已输纳，无者徒被追征。臣愚以为此皆群臣之所未言，陛下之所未知者也！

他建议对于京师百姓“宜加优恤”，停止征收当年税赋。

韩愈的建议不仅未被接受，反而在上疏不久，就被撤去监察御史的官职，贬为阳山县令。阳山在今广东省内。

韩愈这次被贬，连他自己也一直弄不清是什么原因。他曾怀疑是因为平日与同僚的刘禹锡（当时任监察御史）和柳宗元（当时任监察御史里行）一起议论抨击过某些现实，而刘柳出卖了他。但想来想去觉得刘柳不至于如此；又猜想可能是因为平时话说得过于爽直，数落现实中的阴暗面太多，触动了一些只报喜不报忧的大臣，因而受到他们的构陷排挤。他也隐隐约约地把被贬与上书论天旱人饥这件事联系了起来。但总是不敢肯定。“或自疑上疏，上疏岂其由？”在他看来，皇帝是圣明的，而他“受恩思效，有见辄言”向皇帝反映真实情况，应该是受欢迎的，怎么反而加罪于他呢？愚忠思想障碍了他的视野，使他不敢正视古往今来皇上的昏聩与无能。皇帝喜欢听颂歌，臣子乐于说好话，这是君主专制下习以为常的陋习。韩愈抱着拳拳之忠向刚愎自用、自认为圣明的德宗皇帝报忧不报喜，受到皇帝的斥逐、受到专以奉承阿谀过日子的大臣的排挤，这是并不奇怪的事。这次韩愈被贬，就正合乎这种逻辑。而韩愈本人却一直蒙在鼓中，百思不得其解。

按照唐代的惯例，远贬之臣，必须刻不容缓起程离京。当时贬令一下，差官杂役随踵而来，韩愈匆匆与妻儿一别之后，要求去辞别卧病在床的妹妹，但不被批准，于是只好郁郁登程，向远离京城的岭南连州阳山县行进了。

这次与韩愈同时贬谪南方的还有张署。张署是河间人，“形貌魁伟，长于文词”，贞元二年及进士第，后又通过吏部博学宏辞科考试，获任校书郎，后来调任监察御史。此次“为幸臣所谗”，被贬为郴州临武县令。韩愈与他同路南下。二人既是同僚，又同罹难，自有许多共同话语。他们在河川结冻的商洛地区并驾而行，在风雪交加的山村同席而卧。次年春天，一同来到湘水之滨，凭吊屈原，寻找虞舜二妃泪迹，吟诗唱和，抒发了抚今思昔、感慨万千的复杂心情。张署吟道：

九疑峰畔二江前，恋阙思归日抵年。白简趋朝曾并命，苍梧左宦亦联翩。……（《赠韩退之》）

韩愈答道：

未报恩波知死所，莫令炎瘴送生涯。吟君诗罢看双鬓，斗觉霜毛一半加。……（《答张十一功曹》）

二人唱答竟达百篇之多，可惜多数未留下来。

进入郴州，拜见了刺史李伯康。李伯康不因他是谪臣而轻慢他，相反，热情地接待了他，还把自己写的文章和字幅拿出来和韩愈一起欣赏，使韩愈很受感动。过了郴州，韩愈单独南行，进入连州，低眉拜见了刺史，再由水路向阳山行进。面对贞女峡的惊险情状，韩愈隐约地感到人生道路的艰险。《贞女峡》诗写道：

江盘峡束春湍豪，雷风战斗鱼龙逃。悬流轰轰射水府，一泻百里翻云涛。漂船摆石万瓦裂，咫尺性命轻鸿毛。

贞元二十年（804）夏天，韩愈终于来到阳山。当时的阳山县，陆路距京城七千八百多里，水路距连州一百四十多里，是一个相当落后荒僻的山区。韩愈后来写的文章中总括一句话说："阳山，天下之穷处也。"的确，这里"陆有丘陵之险，虎豹之虞"。江水湍急足以覆舟。县府就设在夹江荒茅篁竹之间。县府无丞尉，县城无居民，韩愈初到，寥落无依，加上语言不通，办理政务颇费工力。这里气候多变，"穷冬或摇扇，盛夏或重裘"。有时猿猴出没，疠疫蔓延。中原地区的人来此当官，自有一番滋味。韩愈来就任这从七品下的县令，其心中的委屈可想而知。

古代社会的士大夫，仕途的坎坷尽管有千差万别，而共同的遭遇就是被贬官外放。有的经受不了这种挫折便客死贬所，永无再起之日。有的能屈能伸，还有机会发展。韩愈属于后者。他到县之后，召集居民，“画地为字”，然后“告以出租赋奉期约”，于政务不敢怠慢。但穷山僻壤，几与外界隔绝，上达下传之事不多，政务并不繁忙。

韩愈在阳山县一年多时间，除了政务之外，就把时间和精力花在读书、交友和吟诗作文上。他从中得到消闲，也在某种程度上冲淡被贬的委屈。

这时韩愈的社交有三种：一是官员，一是新结识的学生、朋友，一是和尚。

韩愈与在郴州的张署保持着联系。他曾应张署之约到郴州临武相会，二人把盏谈心，入夜同宿，抒怀共勉。

当时吏部员外郎王仲舒正被贬在连州任司户参军。王仲舒喜欢连州山水，在北郊山上筑亭作为游宴之所，并邀请韩愈前往观览。韩愈欣然前往，为亭定名曰“燕喜亭”，并为之作记。

出于对郴州刺史李伯康的感谢，韩愈给他送去了当地的佳果黄柑。李伯康回赠了纸笔。韩愈写了《李员外寄纸笔》和《叉鱼》诗送给他。看来他们已经结下了颇深的友谊。

这时，杨仪之专程前来阳山慰问韩愈。杨仪之是韩愈在汴州的同僚好友杨凝的侄儿，当时正在他的父亲杨凭（御史中丞、湖南观察使）手下任观察支使。韩愈对于杨仪之的到来非常高兴，写了《送杨支使序》，称赞他“智足以造谋，材足以立事，忠足以勤上，惠足以存下”。这多少也带有对他父亲杨凭的称颂。又写了《别知赋》，抒发了患难之时更觉友情可贵的常情，表达了被贬之后，对前途的茫然之慨。赋中说：

知来者之不可以数，哀去此而无由。倚郭郛而掩涕，空尽日以迟留。

在韩愈新结识的学生中，有一个叫窦存亮，他不去应科举考试，而“乘不测之舟，入无人之地”，来到阳山跟随韩愈，请教作文方法。他以弟子身份师事韩愈，但韩愈并不以师长自居，而是与他推心置腹结成朋友。《答窦秀才书》这样向他倾诉自己的苦闷心情：

愈少驽怯，于他艺能自度无可努力，又不通时事，而与世多龃龉；念终无以树立，遂发愤笃专于文学。…… 学成而道益穷，年老而智愈困。今又以罪黜于朝廷，远宰蛮县，愁忧无聊，瘴疠侵加，惴惴焉无以冀朝夕。

韩愈这样与学生以诚相待，这在讲究师道尊严的古代社会，的确是难能可贵的。

有一个叫区册，从南海乘船来到阳山，拜韩愈为师，向韩愈学习儒学，与韩愈相处甚为融洽。他们经常一起讨论经学，一起垂钓溪边，安贫乐道，彼此成了知心朋友。

有一个年纪稍大的叫刘师命，曾经弃家远游，东走梁宋，南逾炎州。他豪爽不拘，浪迹十年，囊资耗尽，“穷困不能还家”，来到阳山拜访韩愈，韩愈热情接待了他。他向韩愈学习文章写作，一年即有明显长进。韩愈并晓之以理，劝他好自为之。

韩愈在阳山与学生朋友情谊甚深，这对他来说也是一种精神安慰。

韩愈在阳山还交了一些和尚朋友。如与惠、灵两个和尚就有来往，还写诗赠送他们，欣赏他们放浪山水、不拘佛戒的个性。这与他排佛的精神是一致的。在他看来，要摈斥佛教思想对人们的蛊毒，破除和尚为人的神秘感乃是重要的一环。惠、灵二人的爱好，与凡俗并无不同。韩愈通过给他们的赠诗，含蓄地反映了佛徒生活与他们教义的矛盾，在客观上还是有排斥佛教意义的。

韩愈自小勤奋好学。在阳山任职之时，公余也不忘饱读诗书。“出宰山水县，读书松桂林。”（《县斋读书》）相传阳山县北贤令山上有一个韩愈经常读书的地方，后人还视为古迹，命名为“韩文公读书处”。宋人林概还写了《韩退之庙》：“退之昔负经纶志，作邑当年来此中。谩道阳山是穷处，先生于道未尝穷。”

韩愈公余的消闲，主要是与学生游山玩水。县城东面有湟川，江面宽阔，水势平稳，韩愈经常和他的学生乘舟于湟川之上，叉鱼玩乐。或溯流而上，到上游同冠峡、贞女峡去领略那悬空的瀑布和江水奔湍而下的壮观，并捕捉诗思灵感，即兴写诗。山清水秀的大自然令韩愈赏心悦目，置身于其中，一时可以多少消减逐臣心中的不平。但思绪一回到政治现实，感情的闸门就会打开，埋藏于心中的缕缕冤情就会倾泻而出。正因此，这段时间所写的山水诗都寄寓着含蓄的思乡恋阙之情。

《次同冠峡》云：

今日是何朝？天晴物色饶。落英千尺堕，游丝百丈飘。泄乳交岩脉，悬流揭浪标。无心思岭北，猿鸟莫相撩。

睹景伤情，可读而知。不过，经历了仕途变故之后，他也变得谨慎多了。

贞元二十一年（805），韩愈三十八岁。他写了《五箴》，激励自己努力学习、自我修养、不要好出风头、说话要小心、行为要检点，以免后悔无穷。请看其中的“言箴”：

不知言之人，乌可与言？知言之人，默焉而其意已传。

幕中之辩，人反以汝为叛；台中之评，人反以汝为倾：汝不惩邪！而呶呶以害其生邪！

既是对自己的规劝，也是对过去了的遭遇的不平之言。

韩愈在阳山的政绩如何，已经难以考述。但据李翱所说，韩愈在阳山时“政有惠于下，及公去，百姓多以公之姓以名其子”（《韩公行状》）。李翱是韩愈的侄女婿，对韩愈也许有所偏爱。但由于韩愈的到来，后人曾把阳山改为韩邑，把湟川改为韩水，把牧民山改为贤令山，甚至还有望韩桥、望韩门、尊韩堂等纪念性的名字，多少可以反映出韩愈在阳山时政绩的一斑。

这年正月，唐顺宗即位。在此之前，顺宗还是太子的时候，就有感于当时政局的艰危主要来自朝廷宦官的专权和地方藩镇对中央的抗拒。因此，即位之后，就任用了亲信王伾、王叔文，通过他们实施了新的政治措施。二王与当朝一些思想倾向相同的官员如刘禹锡、柳宗元、韩泰、韩晔、陈谏、凌准、程异、韦执谊等一起，形成了一个革新集团推行新政，即“永贞革新”。其基本政治纲领是“内抑宦官，外制藩镇”。当时韩愈还在阳山，对朝政的变化不甚了了。但是按照惯例，皇帝即位，要大赦天下，这一点与韩愈却关系颇大。他对于唐顺宗充满希望，同时又闪过一个念头，准备在获得赦罪之后退居田园，免得再惹是生非。

《县斋有怀》写道：

惟思涤瑕垢，长去事桑柘。…… 禾麦种满地，梨枣栽绕舍。儿童稍长成，雀鼠得驱吓。官租日输纳，村酒时邀迓。闲爱老农愚，归弄小女姹。

二月二十四日大赦令下，韩愈量移郴州待命。夏天，他便离开阳山，到郴州去。一路感慨特别多，诗文也写了不少。例如离城不远，夜宿龙宫滩时，写了《宿龙宫滩》诗，表达了连夜思乡、归心似箭的心情：

浩浩复汤汤，滩声抑更扬。奔流疑激电，惊浪似浮霜。梦觉灯生晕，宵残雨送凉。如何连晓语，只是说家乡？

无独有偶，这次量移郴州待命的还有他的老朋友张署。酒逢知己千杯少。他们在郴州相会，拜会了刺史李伯康，受到盛情款待，住得舒适，吃得高贵，玩得开心。一连住了三个月。尔后就接到了赴江陵就任功曹的诏令。

由于韩愈和张署是从京城外贬的，因此，借着赦免的机会希望调回京城，是可以理解的。但是事与愿违，他们仅仅量移江陵而已，这就难免心中不快。他们结伴同行，“委舟湘流，往观南岳”（《祭河南张员外文》），经衡阳、潭州、岳阳往江陵。一路观山玩水，吟诗酬答，互相倾诉不平遭遇，发泄仕途坎坷和对赴任功曹官职的不满。韩愈《谒衡岳庙遂宿岳寺题门楼》直抒胸臆地说：

> 窜逐蛮荒幸不死，衣食才足甘长终。侯王将相望久绝，神纵欲福难为功。

在韩愈和张署赴江陵的途中，八月，顺宗皇帝因病逊位，宪宗皇帝即位，改元永贞。一朝天子一朝臣。宪宗对前朝“永贞革新”的实力派王伾、王叔文等人大加排斥，将二王外调，将刘禹锡、柳宗元等八人贬到边远之州当司马。这就是“二王八司马”事件。与此同时，迅速起用“永贞革新”前的官吏如高郢、郑珣瑜。从施政来说，宪宗的方针与顺宗“二王八司马”的并无多大矛盾，而且由于他抓到了军权，在促使国家统一安定方面更有成效。但这个朝廷大换班在许多方面引起的震动不小，对某些人的终生事业也产生了深远的影响。例如刘禹锡和柳宗元就从此无法插足朝政以尽其政治才能。

由于“二王八司马”在朝施政期间，韩愈正远贬阳山，置身于革新运动之外，对于他们事业的成败和个人遭遇的荣辱远不如对自己前途的关心。所以当宪宗皇帝即位以后，韩愈在忠君思想的支配下，对政局又产生了新的希望。而且对于宪宗皇帝排斥“二王八司马”缺乏正确的认识，竟跟着新的当权者骂起革新派来了。他指责革新派当政时完全排斥前朝大臣，并且受贿任人。这也许有些事实根据，也许有一定的道理，但这样的指责在客观上表现了他对革新派下台的拍手称快。这是韩愈生平中不光彩的一页。

不过，他与“二王八司马”中人并无什么个人恩怨，在个人感情上并不以他们为敌。所以，在以后的时间里，韩愈仍把他们当作好朋友。如韩愈来到岳阳楼，与“永贞革新”的重要人物刘禹锡相会。刘禹锡当时作为被贬的“八司马”之一，南下路过岳州。韩愈在聚会上将《岳阳楼别窦司直》送刘禹锡指正。窦司直即韩愈旧时好朋友窦庠，当时以大理司直权领岳州刺史。韩愈在诗中即景抒情，追述前半生的遭遇，说南贬阳山，不死生还，已粗知得失，当挂冠归田。韩愈将这首诗送刘禹锡，表示对刘禹锡的信任。刘禹锡即以诗相和，诗中说他们“今朝会荆蛮，斗酒相宴喜”，“联袂登高楼，临轩笑相视……契阔话凉温，壶觞慰迁徙”。可见他们彼此的关系不因仕途契阔而生芥蒂，相反，不期而遇使彼此在感情上得到某些安慰。

不久，他和张署于冬天抵达江陵府就任新职，在江陵大约逗留了半年多时间。

江陵府法曹参军（正七品下）的职务是协助府尹管理一州的刑事、治安事务。韩愈无心在职，到任不久，十二月九日就给当时以江西观察使调往朝廷任兵部侍郎的李巽写信自荐。信中以发牢骚的语气介绍自己的遭遇，说求官二十年来，“动遭谗谤，进寸退尺，卒无所成”。又总结自己二十年来在经籍文学方面的造诣，说：

性本好文学，因困厄悲愁无所告语，遂得究穷于经传史记百家之说，沉潜乎训义，反复乎句读，砻磨乎事业，而奋发乎文章。凡自唐虞已来，编简所存，大之为河海，高之为山岳，明之为日月，幽之为鬼神，纤之为珠玑华实，变之为雷霆风雨，奇辞奥旨，靡不通达。

话虽说得有点夸大，但他的为学大概，还是可见一斑的。虽然学业有成，但因“不通晓于时事，学成而道益穷”。他还随信附上旧文一卷和抒发忧愤的“南行诗”一卷，希望博得李巽的同情，得以调任京官。

韩愈在江陵法曹任上，心有所屈，常常见之于诗文。当时，他的老朋友郑群也在江陵鄂岳使裴均手下任兵曹参军。于是写诗相赠。《赠郑兵曹》诗说：

我材与世不相当，戢鳞委翅无复望。当今贤俊皆周行，君何为乎亦遑遑？

一种怀才不遇、怜人自怜的情绪溢于言表。住处附近古寺中杏花盛开，他就不避风雨前往观看，还写了《杏花》诗，怜物自怜地说：

岂如此树一来玩，若在京国情何穷？

看到江陵城西李花开放，也产生了许多感慨，于是写诗给张署，说以前年轻的时候，开花时节，免不了要对花举盏，可现在已经没有这种雅兴了：

自从流落忧感集，欲去未到先思回。

可见心情之不佳。春天来了，更为伤情。《感春》之三写道：

朝骑一马出，暝就一床卧。诗书渐欲抛，节行久已惰。冠欹感发秃，语误悲齿堕。孤负平生心，已矣知何奈！

真是潦倒不堪。

到江陵就任不久，张署即有新的调令，要他赴容管经略使路恕手下任判官。他不愿去，改为赴京任御史台殿中侍御史。张署先韩愈而离开江陵，使韩愈在江陵更感到孤独。有一天他路过张署住过的房舍，竟触景生情，难以自抑，赋《榴花》诗写道：

五月榴花照眼明，枝间时见子初成。可怜此地无车马，颠倒青苔落绛英。

看到宅中葡萄树的景象，联想到自己的处境，写了《葡萄》诗：

新茎未遍半犹枯，高架支离倒复扶。若欲满盘堆马乳，莫辞添竹引龙须。

以新茎半枯、高架复扶喻谪而复起，盼望有心人加意栽培。

元和元年（806）六月，韩愈终于获准调往京城任职。职务是权知（暂代）国子监国子学博士（正五品上）。

几年来的挫折和奔波已经使他的身体很快衰老。年仅三十九，却已“发秃齿豁”，老态龙钟。然而他的思想也变得老成深熟了。他充满着希望，踏上了新的仕途。

六　再任博士

韩愈从江陵来到长安，第一件事就是去谒见宰相郑絪。郑絪为人恬淡，“守道敦笃”，喜欢与当时博闻好古之士交游，可谓德高望重之显宦。早在韩愈应考求仕之时，郑絪就知道韩愈的文名，对他颇为欣赏。后来，郑絪任翰林官职，为了保密和安全，他不能随便与外人来往，韩愈无缘谒见。宪宗即位，郑絪为宰相。看来，韩愈调回京城可能与郑絪对他的赏识有关。

郑絪对于韩愈的谒见，甚为高兴。他向韩愈索取诗文，可能是打算将韩愈调到自己的手下任职。但是，不久韩愈就听到有人从中造谣中伤，企图排斥他。这使韩愈猛省过来，他意识到有再次罹祸的危险，因此，以要照顾父母双亡的堂侄儿为借口，让朝廷把他调往东都洛阳任教。当时洛阳也设有国子监。

韩愈在京城权知（暂代）国子博士一年，到洛阳一年后才实任国子博士。这三年（元和元年六月 — 四年六月）的博士生涯在韩愈的仕途上平淡无奇，但在韩愈的文学经历上却至关重要。

就教学方面来说，韩愈恪守教职，对于国子监生徒和社会上慕名而来的求教者，他都一如既往给予悉心的教导。

比如有一个太学儒生，韩愈用赠诗的方式教育他要保持勤奋朴实的作风，即使将来飞黄腾达了，也不能高傲自纵，重复庸俗的炎凉世态。

又比如，南方有一个青年叫区弘，因为钦羡韩愈的道德文学，毅然离开老母和妻子，拜韩愈为师，韩愈从阳山到江陵，他跟随到江陵，韩愈从江陵到长安，他追随到长安。后来，由于老母来信妻子寄衣，亲情感动了他，才决定南下探家。韩愈深深为之感动，依依惜别，还写诗送他，鼓励他做一个正直刚强的人。

与初任博士之时一样，韩愈身在学馆，却不为之所限。他也关心学馆以外的国家大事，关心社会上人情世事。

元和元年七月，顺宗逝世，朝廷大办丧事。韩愈当也在送葬之列。他目睹送丧队伍的零乱，意识到朝臣中存在着不忠不敬之徒。但他“欲言非职”，无可奈何，只好将所见所感写成《丰陵行》以寄托心中的不满。

在这前后，他目睹宪宗新朝颇有朝气，实际上正做着“永贞革新”的未竟事业，尤其是在讨伐藩镇、维护国家统一方面，成就是显著的。他为此而兴奋，写了《元和圣德诗》呈送宪宗皇帝，称赞当朝的功绩。诗中用了颇长的篇幅和颇细的笔调来描写宪宗统御军力消灭西川节度使刘辟的经过。虽然诗中对于当朝有过分美化的地方，但全诗表现了维护国家统一，复兴国力的极大热情，是不能抹杀的。

元和二年（807）四月十三日夜，他与张籍从家里藏书中见了李翰所写的《张巡传》，非常高兴。张巡、许远、雷万春都是抵御安史叛军的名将名臣，事迹早已在朝野之间传播。韩愈细读传记，觉得还写得不够充分，于是动笔写《张中丞传后叙》，采录了一些民间传闻，进一步歌颂张巡的抗乱事迹，并为许远立传，证明他“城陷而虏，与巡死先后异耳”，实不畏死，并非“畏死而辞服于贼”。文章非常生动地记载了张巡等人英勇就义的场面，反映了韩愈反对叛乱、维护统一的政治立场。

元和初年，杨凝的儿子杨敬之仰慕韩愈文才，向韩愈出示所写的《华山赋》。韩愈阅后大为称赞，“士林一时传布”。不久，敬之即登第。这件事也表现了韩愈和以往一样关心青年的长进。

元和元年，由于户部侍郎李巽、谏议大夫韦况对隐居不仕的李渤的交相推荐，宪宗诏令任李渤为左拾遗。但是李渤不想出来做官。后来韩愈在东都任教，对李渤的品学有所了解，于是在元和三年十二月写了《与少室李拾遗书》，劝李渤应诏赴任，为国家中兴助一臂之力。次年三月二十六日，他还与朋友樊宗师、卢仝等人自洛阳赴少室拜访李渤。受到韩愈恳请的感动，李渤终于出居洛阳，行拾遗职责。

尽管韩愈相当关心国事，但自己并非朝官，难免人微言轻。对于韩愈来说，教职实际上是闲职，所花精力不多，因而他觉得十分清闲，“学堂日无事，驱马适所愿”（《秋怀诗十一首》之三）。当然也就产生了英雄无用武之地的感慨。《秋怀诗十一首》之四写道：

秋气日恻恻，秋空日凌凌。上无枝上蜩，下无盘中蝇。岂不感时节，耳目去所憎。清晓卷书坐，南山见高稜。其下澄湫水，有蛟寒可罾。惜哉不得往，岂谓吾无能。

韩愈清晓读书，面对京城南面的终南山，书未读得进去，思绪却已到了山上寒潭。据说潭中有蛟龙，韩愈自信有能力可以降伏蛟龙，但却不能前往。其中的喻意，不是很明白吗?

大概也是由于有闲的缘故，在这段时间里，韩愈格外热心与朋友聚会。

一到京城，张彻就来拜访他。他们从在徐州符离濉上做邻居之后，一别就是八年。故友相会，有说不完的话语。韩愈写了《答张彻》长诗赠他，诗中历叙相识、相别、别后自己的经历见闻，并语重心长嘱咐张彻常来聚会。

这时，孟郊正在京城谋职。前面说过，孟郊于贞元十七年（801）春到京城应吏部试时，韩愈曾经见过他，尔后韩愈即离京往洛阳等待选调，离京前写了《将归赠孟东野、房蜀客》。不久，孟郊被授予溧阳县尉，韩愈也获选调国子博士；贞元十八年，韩愈回京赴任，正赶上孟郊要离京赴任，于是写了《送孟东野序》。孟郊在任两年，因不治官事，受到减发半俸的处罚，于是愤而辞职，元和元年初，来京谋职，与分别四年之久的韩愈又见面了。

这时，张籍已在京城任职。前面说过，他在汴州与韩愈结下了深厚友谊，贞元十五年应考及第之后，回乡途经徐州，专程到濉上探望韩愈。二人相处了一个月，临别时韩愈还写诗（《此日足可惜一首赠张籍》）相赠。张籍回乡后居丧，直到元和元年才调补太常寺太祝（正九品上）。韩愈来京再任博士，见到张籍当然欣喜无比。

这时在京城任职的还有张署，他比韩愈迟来一些时间，任京兆府司录参军；崔群，时任右补阙；崔立之，时任大理评事。

此外，还有皇甫湜本年在京应进士举及第，侯喜当时也来京城谋职。

韩愈回到京师，有这么多朋友可以来往；这些朋友，经历与他大致相仿，地位与他相近，在文学事业上或者已经名声远播，或者崭露头角；韩愈与他们彼此相知，经常聚会，联句斗诗，取长补短，不仅弥补了公余的空虚，充实了自己的精神生活，而且从中尝试变革诗风，摸索诗歌创新的道路。

一年之后，韩愈分教东都生，一住就是两年。

这时期，韩愈的侄女婿李翱正以国子博士、史馆修撰身份分司东都；而孟郊在韩愈和李翱的推荐下，也已经来到洛阳，在河南府尹郑余庆手下任水陆运判官；与韩愈同年中举的侯继，正在东都国子学任助教；皇甫湜通过吏部选拔，任陆浑县（洛阳附近）尉；樊宗师以著作佐郎身份，分司东都；李贺从家乡昌谷移居洛阳，并以诗谒韩愈，得到韩愈的赞赏。

此外，还有彭城侠士刘叉闻韩愈善接天下士而步行到洛阳来以之为师。

在东都洛阳，韩愈继续通过与朋友的聚会、赠诗和诗，来探索变革诗风，闯出一条诗歌创作的新路。

韩愈三十五岁初任博士时，利用在京的有利环境，凭着自己的学识和文学业绩，在复兴儒学、倡导古文方面已经声名卓著。现在，他再任博士，又利用在京都和东都的有利环境，在与友朋的聚会切磋中，开创一代诗风。这在韩愈来说并非心血来潮的狂举。在这方面，韩愈一直在试笔，一直在进行理论的探索，也一直在受诗坛环境的影响。

孟郊比韩愈大十七岁，早在他们初交的时候，韩愈就颇赏识孟郊的诗。孟郊把作诗看成生活中的头等大事，诗歌多为惨淡经营的“苦吟”之作，也颇多奇拔警语。如作于贞元七年（791）的《游终南山》：“南山塞天地，日月石上生。高峰夜留日，深谷昼未明。”对终南山的宏伟壮阔、高不可攀的描写，一直为后人称赞。韩愈在《醉留东野》中，已经表达了追攀孟郊的愿望。

樊宗师写诗作文，刻意求新，不倚傍他人。韩愈对他的独创精神极为推崇。

刘叉自诩“诗胆大于天”，作诗追求狂谲而能自成一家。他的成名作《雪车》《冰柱》颇为人所称道，据说一度名在孟郊之上，连樊宗师也佩服他。

韩愈就正是和这样一批人诗酒相会。他非常自豪地将他们的聚会与京城富家子弟的聚会做比较，说“长安众富儿”“不解文字饮”（即不懂一边喝酒一边吟诗），只能以美女、歌妓取乐。而他们的聚会则不同，他们是借酒作诗，诗风不同凡响。（《醉赠张秘书》）不难想见，韩愈在和诗友们交往中，既然赞同他们的诗风，也就免不了要受他们诗风的影响。何况韩愈本人的诗风与诗友们的诗风正相合拍呢。历史玉成了他们，环境玉成了他们，他们自身的努力成就了他们。他们的诗歌，以新的面貌在诗坛脱颖而出。这些诗人以及后来的卢仝、贾岛，就是后来人们所指称的“韩孟诗派”。在当时，即使是韩愈本人，也并没有意识到以他为中心的这批诗友会是一个诗歌流派。但他们各人，尤其是韩愈本人，确实是有意识地把诗写得不同凡响，有意识地要变革流传着的诗风。韩愈说：

今我及数子……险语破鬼胆，高词媲皇坟。

这就是说，在韩愈看来，他们的诗奇险非凡，古朴苍劲，而又含义高雅，可以媲美古代经典。韩愈称赞张籍的诗高雅脱俗，说“张籍学古淡，轩鹤避鸡群”。又称赞张署的诗富于情态，说“君诗多态度，蔼蔼春空云”。当然，他特别欣赏孟郊的诗，说：

东野动惊俗，天葩吐奇芬。(《醉赠张秘书》)

横空盘硬语，妥帖力排奡。敷柔肆纡余，奋猛卷海潦。荣华肖天秀，捷疾逾响报。(《荐士》)

前两句是说，孟郊的诗超凡脱俗，像天然的花卉散发奇香，令人惊讶。后六句说，孟郊的诗语言苍劲有力，而又通顺妥帖，有的表现得柔美多姿，有的表现得激昂动荡有如大海卷起浪涛；他的诗词藻秀美天然，文思敏捷。

孟郊的诗当然不同凡俗，但在这个诗派之中，力能扛鼎的还是韩愈本人。因为他在这方面学识超卓，诗作新颖，自然而然地成为带头人。

韩愈从事诗文写作，“实专且久”（《上襄阳于相公书》）。早些年写过一些粗莽恣肆的诗，如《醉留东野》《此日足可惜一首赠张籍》，也写过一些精致描摹、龙跳虎卧的诗，如《雉带箭》，还写过一些精心结撰、雄浑清新的诗，如《山石》。这些诗作使韩愈的创新才能初露端倪。尔后，随着贬官而作的“南行诗”，如《八月十五夜赠张功曹》《谒衡岳庙遂宿岳寺题门楼》等，比较明显地表现了不同俗流的奇险特征。

韩愈对诗歌的研究，也是年月已久的了。他极力推崇《诗经》以来的现实主义作品，对于汉代五言诗、建安七子诗、鲍照、谢灵运的诗，他都颇多肯定，而对六朝的诗歌，则多所贬抑。对有唐以来的诗歌，他充分肯定陈子昂的功绩，佩服李白杜甫达到诗坛高峰，而使后人难以为继。正是在这样的历史和现实面前，韩愈决心另辟蹊径。

韩愈对于诗歌创作的主张，早在贞元十八年作的《送孟东野序》中就从总结历史和对照现实中提出了“不平则鸣”的见解。认为诗文无非是作者抒发个人心中不平之情的载体。在江陵任职期间，他为荆南节度使裴均和湖南观察使杨凭两人的唱和诗集写序，提出了“欢愉之辞难工，而穷苦之言易好”的见解（《荆潭唱和诗序》)，就都是颇具慧眼的。

正因此，他在诗坛上早就为人所瞩目。他从江陵赴京途中，襄阳观察使于頔特意将自己所作的诗文稿子请他润色。他毫不推辞地接受了。现在，在京城和东都有这么多的志同道合者在一起切磋诗艺，韩愈显得如鱼得水，他大笔挥洒，常出新作，匠心独运，屡出佳篇，成了带头人，也是情理中事了。

这段时间，韩愈从事诗歌创作热情极高。作品主要有两类，一类是与朋友（主要是孟郊）作的联句诗，一类是自己刻意而作的写景诗和抒情诗。

韩愈文集中有十三首联句诗，其中十首就是元和元年在京城的作品。这些作品，表现了韩愈的学识与才思，部分地体现了他和他的朋友们关于诗歌艺术的见解。

联句诗，较早的名篇是汉武帝时候的《柏梁台》联句。此后，代有所作，但名作不多。韩愈出于与友朋聚会的需要，尤其是与挚友孟郊消困斗趣、写实抒情的需要，便频频用上这种诗歌形式。例如，元和元年正月，宪宗派兵讨伐西川叛镇刘辟。八月，韩愈与孟郊即景作《秋雨联句》，极力描摹秋雨形态及自身的感受。忽然，韩愈笔锋一转，写道：

因思征蜀士，未免湿戎旆。安得发商飙，廓然吹宿霭。

白日悬大野，幽泥化轻埃。战场暂一干，贼肉行可脍。

这就是说，想到征蜀战士被雨淋湿，就希望秋风劲吹，将宿云驱散，希望太阳当空，将路泥晒成尘埃，使战士在战场上打胜仗。孟郊诗思敏捷，马上联上诗句，设想天晴遂了他们的心愿。

及至当年九月，朝廷生擒刘辟，平定西川，国家大局趋于稳定，韩愈和孟郊大受鼓舞，便又乘兴而作《征蜀联句》，细致描写征蜀将士破贼的声威，流露了由衷的爱国热情。

又如，韩孟二人拟定“城南”的题目，历叙城郊景物，全凭足之所至，巨细兼收，抒写吊古思今，则任凭思绪缤纷，虚实互用，一口气联作了三百句共一千五百字，篇幅之长被认为是古今联句之最。

韩愈的联句诗，对古已有之的联句诗是一种发展。它已经不单是人各一句，或人各一联，而是在此基础上，创造了更多的形式：有的是对句之后又出句（跨联的联句），有的是人各一段，对等联句，有的是各人多少随意，总之，形式趋于自由，篇幅大都很长，用词有意去俗用新，避熟就生，令人刮目相看。但由于过分追求新奇，竟至有卖弄才学之嫌。朱彝尊说：“一味排空生造，不无牵强凑泊之失。然僻搜巧炼，惊人句层出不竭，非学富五车，才几八斗，安能几此？”（转引自钱仲联《韩昌黎诗系年集释》中

《城南联句》集说）的确，这类诗的逞才弊病直接地妨碍了诗的意境的表现，也妨碍了读者的接受。

除了联句诗之外，韩愈着意而为的是一些写景诗和抒情诗。最惹人注目的要算是《南山诗》。

南山，即京城南面的终南山。在此之前，已有不少描写南山的名诗。如王维的《终南山》，“太乙近天都，连山到海隅”，“分野中峰变，阴晴众壑殊”，向来脍炙人口。前面提到的孟郊的《游终南山》诗，也不易为后人所超越。在这种情况下，面对南山写诗，真有“眼前有景道不得，崔颢题诗在上头”的窘态了。然而韩愈竟又别出心裁，洋洋洒洒地写下了这首二百零四句、一千零二十字的长篇五古诗，有条不紊地分叙自己几次游览南山的经历，极尽形容、夸张之能事，描写了南山的景观，令人大开眼界。然而，此诗问世以来，却褒贬不一。黄庭坚认为，此诗描写虽然工巧，但于政教无甚用处。赵翼认为，诗中所写景观，移于别处皆可，何必南山。即所写缺乏个性。而顾嗣立认为，此诗以画家之笔，写得南山灵异缥缈，光怪陆离。方世举认为，此篇是登临纪胜之作，穷极状态，雄奇纵恣，是独创之作。看来，褒贬都各有所据，各有道理。从极尽笔力描写南山胜景，令人耳目一新来说，其艺术功力有可供借鉴之处；但由于过分使才斗险，在一韵到底的自我束缚中，不得不纳入一些生僻拗口、费解、并不富于美感的词语和句子，这就难免影响对意境的营造，也妨碍了读者阅读与欣赏的顺利进行。这真有点吃力不讨好了。

除了《南山诗》之外，被认为是七言古诗第一的是《游青龙寺赠崔大补阙》。这是写赠挚友崔群的诗。韩愈游览京城著名的寺庙青龙寺，将所见所感写出来告诉崔群，劝他前来同游。走笔纵横，气象万千，对寺中的柿树、柿叶、柿果着意描写，堪称绝唱。其中抒写自己近年的遭遇，笔端夹带悲酸。诗中还含蓄地告诫朋友在位该如何处事。这是一篇写景抒情的佳作。

韩愈这时还有一篇被誉为“奇之又奇”的诗《陆浑山火一首和皇甫湜用其韵》。这首诗作于元和三年（808），在洛阳。程学恂说:《青龙寺》是小奇观,《陆浑山火》是大奇观。但后人也有贬抑的,有的甚至以不可解置之。其实这也是一篇擅奇使险的诗。先是受了皇甫湜诗的“辞夸出真”的启发，觉得皇甫之作尚不足怪，于是结撰奇观，后来居上。描写山火，无处不奇，又奇得合情合理。用词颇多创新，如“山狂谷很（狠）”“天跳地踔”“神焦鬼烂”“颓胸垤腹”等等，形象鲜明，富于活力。但是，也有不少聱牙之词，令人读之不畅。

总之，韩愈这段时间的诗歌创作有意避开盛唐诗歌传统，锐意创新，目的是想绕过李白和杜甫，另开新路。他得到朋友们的支持，从朋友们的创作中汲取营养，又给朋友们以引导和帮助。

在此后的年代中，效法韩孟诗风的作者还在不断增加，韩愈的这类作品也在不断地增多，影响与日俱增，成为中唐诗坛的重要一翼。而其历史地位，则颇为后人所肯定。

七　八年浮沉

元和四年（809）六月，韩愈从东都国子博士调任尚书省都官员外郎分司东都。从此直到元和十二年八月从征淮西，整整八年时间，韩愈在官场上浮沉不定，频频调动，先后任都官员外郎（分司东都）、河南令、职方员外郎、国子博士、比部郎中、史馆修撰、考功员外郎、考功郎中、知制诰、中书舍人、太子右庶子等十余种职务，这在他的宦历上是颇多曲折的时期。

这时期，不管宦海如何浮沉，韩愈始终坚持自己开创的文学事业，在古文写作上一直保持着初任博士时在文坛上的显赫地位，而在诗坛上则继续努力，不仅奇险之篇迭出，而且乐于提携青年。

韩愈出任都官员外郎时是分司东都并判祠部。都官是尚书省刑部中一个部门，长官为郎中，副官为员外郎（从六品上）。韩愈以副官身份在东都洛阳主管祠部。祠部是尚书省礼部中的一个部门，掌管祠祀、享祭、天文、时辰、国忌、庙讳、卜筮、医药、僧尼等事。由于原任官员失职，制度已乱，韩愈到任后按国家典制一一加以纠正，这样就得罪了一些庸官恶吏。他们处处找韩愈的岔子，并常常恶言相向，使韩愈承受着巨大的精神压力。韩愈于是上书东都留守郑余庆，说自己“日与宦者为敌，相伺候罪过，恶言詈词，狼藉公牒，不敢为耻，实虑陷祸”（《上郑尚书相公启》），要求调职。郑余庆虽然颇不高兴，但最后还是同意了，报请朝廷把他调到河南县任县令，仍在自己的属下。

元和五年（810），韩愈四十三岁，秋冬之际履河南县令（从六品上）之职。这时他与卢仝过往甚密。卢仝，自号玉川子，长期寓居洛阳，家贫不能自给，常向邻僧乞米度日。对儒家经典《春秋》有深入研究，又喜作险怪奇谲诗篇，如《与马异结交诗》，怪辞惊众，骇人耳目。去年他曾和韩愈一起去拜访李渤，劝李渤出山做官。但他自己却始终以布衣自处，因此还常常受到四邻恶少的欺负。有一次，他不得已而向韩愈告状，韩愈就把欺负他的一群恶少抓起来问罪，而他却又来向韩愈说情，要韩愈宽待他们。韩愈对他的人品和诗作颇为称赞，当读到他的《月蚀诗》时，兴奋不已。卢仝的这首三百多句、一千八百多字的长诗，描写了月全食的全过程，以自然现象影射社会人事。诗中以明月暗示唐王朝，以吞食明月的虾蟆精暗喻危害王朝的邪恶势力，在表现对“食月”的虾蟆精的讨伐中，描写了东方苍龙、南方火鸟、西方攫虎、北方寒龟，以及岁星、荧惑、土星、太白、辰星、三台众星、二十八宿、天狼、牛郎织女、天狗等的种种形态，虚拟它们在虾蟆精“食月”之后所扮演的特定角色，达到了自然与社会的融合，天文与艺术的统一，虽然读者难解，而识者却易知。而诗篇的铺张扬厉、奇谲险异则为唐诗所仅见。韩愈有感于此，又觉得篇幅太长，因而为之缩写，作《月蚀诗效玉川子作》，只是卢诗的三分之一篇幅。卢仝的另外一些诗篇也保持同样的风格，他在韩愈的推崇之下，在诗坛的影响甚大，这对扩大韩孟诗派的影响显然有积极的作用。

同年，李贺从洛阳赴京应进士试，因其父亲名为晋肃，有妒忌他的人就阻拦他登第，说“晋”与“进”同音，李贺应该避“讳”，放弃考试。“避讳”，是儒家礼教的规定，即对君王或尊长的名字不能直接说出或写出。如汉武帝名彻，那么，汉代人凡遇到“彻”字时，必须以“通”字代替。唐高宗名治，唐代人凡遇到“治”字时必须以“理”字代替。子女对父祖的名字也必须回避，称为“避家讳”。而在考试中，如果考题有“家讳”，举子必须退出考试。这等于堵住了李贺的仕进之路。李贺因此在心理上受到很大的伤害。韩愈针对此事写了《讳辩》，极力为李贺申辩，说阻拦李贺考试的人根本就没有弄清“避讳”的规定中有“不讳嫌名”这一条。所谓“不讳嫌名”是指不必回避与尊长名字同音、近音的字或同义、近义的字，如夏朝王名禹，同代人不必回避“雨”字。韩愈非常尖刻地诘问：“父名晋肃，子不得举进士；若父名‘仁’，子不得为人乎？”李贺最终还是没有参加礼部进士试，但韩愈厚爱青年诗人的举动，却成为文坛的美谈。李贺当时已经诗名颇著，他作诗也不同凡俗，诗风奇谲瑰丽，被后人称为“鬼才”。他是韩孟诗派中别树一帜的诗人。

同年，贾岛从洛阳返回故乡范阳，韩愈作诗送行。贾岛，字阆仙，范阳人，早年出家当和尚，法名无本。一生嗜好为诗，与孟郊一样是把作诗当作体现自身价值的“苦吟诗人”。他曾向韩愈请教作诗，得到韩愈的欣赏。韩愈赞赏他的诗设想恢奇，用语警策。《送无本师归范阳》写道：

> 无本于为文，身大不及胆。……狂词肆滂葩，低昂见舒惨。奸穷怪变得，往往造平淡。

诗中充分肯定贾岛写诗能发挥想象力，诗风狂放壮观，于低沉郁愤中见出舒坦与忧伤；又指出贾岛写诗极善于巧思、苦吟，做到奇特、多变，而最终常常归于平淡。这真是贾岛的知音了。

在任河南令期间，韩愈还做了两件事：

一件是他有感于河阳节度使乌重胤罗致人才的举动，先后写了《送石处士序》和《送温处士赴河阳军序》，赞扬伯乐能识良马，羡慕良马能遇伯乐。后篇说：

> 伯乐一过冀北之野，而马群遂空。夫冀北马多天下，伯乐虽善知马，安能空其群邪？解之者曰：吾所谓空，非无马也，无良马也。伯乐知马，遇其良，辄取之，群无留良焉。苟无良，虽谓无马，不为虚语矣。

并借题发挥说：

> 夫南面而听天下，其所托重而恃力者惟相与将耳。相为天子得人于朝廷，将为天子得文武士于幕下：求内外无治，不可得也。

显然，这里正是他怀才不遇情绪的宣泄，也是他忧时思想在人才问题上的具体流露。

一件是他又一次上书东都留守郑余庆。这次不是乞官、求调，而是对自己处理公务的申辩。事情是这样的：他在河南县令任上发现驻东都的皇家军吏凌驾府县，为非作歹，便依法查询杖责，于是军吏纷纷向郑余庆告状，韩愈便上书申辩原委，并表示

〔清〕王原祁绘《昌黎诗意图轴》

《古贤诗意图卷》金琮书、杜堇画韩愈《听颖师弹琴》

聽穎師彈琴

昵昵兒女語恩怨相尔汝劃
然變軒昂勇士赴敵場
浮雲柳絮無根蒂天
地闊遠隨飛揚喧啾百鳥
羣忽見孤鳳凰躋攀分
寸不可上失勢一落千仞
強嗟余有兩耳未省聽
絲篁自聞穎師彈起
坐在一旁推手遽止之濕
衣淚滂滂穎乎尔誠能無
以冰炭置我腸

〔清〕钱沣书韩愈《同水部张员外曲江春游寄白二十二舍人》

为了伸张正义，乌纱帽无可顾惜，去留任由决定。他的强硬态度倒使得军吏不敢再继续为非作歹。郑余庆没有将韩愈削职，而是息事宁人地报请把他调回朝廷任职。韩愈对此颇为不满。他虽然觉得食君之禄不予报答就无异于雀鼠偷吃仓中谷米，但还是产生了辞官归田的念头。《卢郎中云夫寄示送盘谷子诗两章歌以和之》写道：

我今进退几时决？十年蠢蠢随朝行。家请官供不报答，何异雀鼠偷太仓。行抽手版付丞相，不待弹劾还耕桑。

但是，出处这样的大事其实也不是由韩愈自己轻易可以决定的。去年他在送别李翱时所写的诗中就已经意识到这一点了。《送李翱》：

人生一世间，不自张与施。比如浮江木，纵横岂自知。

“施”与“弛”通。文武之道，一张一弛。但何时张、弛，并不由自己决定。何况对于当时的韩愈来说，做官毕竟是他唯一的出路。

元和六年（811），韩愈四十四岁，夏秋间回朝任职方员外郎。职方是尚书省兵部的一个部门，职责主要是管理地图、城隍、烽候、镇戍、道路以及处理四境的少数民族问题。主管的长官为郎中，副职为员外郎（从六品上）。

韩愈上任不久，就碰到柳涧案的牵累。

事情是这样的：华州刺史阎济美查华阴县令柳涧有罪，勒令他停职，过了几个月，阎济美因故被免去刺史官职，柳涧乘机翻案，新任华州刺史赵昌大为不满，将柳涧贬为房州司马。韩愈认为贬谪属官，也需要报请朝廷调查处置，以防宗派之间公报私仇，于是上疏宪宗。后来经过监察御史李宗闵的复查，断定柳涧贪赃枉法。因此以“妄论”的理由将韩愈调离兵部。

元和七年（812），韩愈四十五岁，二月，从兵部职方员外郎调到国子博士任上。

韩愈三任国子博士，从任教育人角度看，这职务对他来说是驾轻就熟的。但他深感世道不公，心中多有不平。有一天，他召集全体生徒训话，在勉励生徒勤奋学习的开场白之后，将自己心中的冤气一吐无遗。后来他将这次讲演写成《进学解》，用巧妙的构思、新颖的笔法抒发了自己屈才的情绪。

《进学解》这篇奇文传到当时的宰相武元衡、李吉甫、李绛等人手中，获得他们的赞赏。他们考虑到韩愈的文才和史才都颇出众，于是把他调回朝廷，以比部郎中的资格任史馆修撰职务。任命书上说：“韩愈学术精博，文力雄健，立词措意有班马之风，求之一时甚不易得，加以性方道直，介然有守，不交势利，自致名望，可使执简，列为史官，记事书法，必无所苟。”这在当时来说，算是对韩愈的颇高评价了。

元和八年（813），韩愈四十六岁，三月赴履新任。比部是尚书省刑部的一个部门，郎中是这个部门的主管长官（从五品上）。韩愈以比部郎中的资格任史馆修撰，专门从事撰写本朝历史。

然而韩愈到馆数月，却并不着力修史。有个名叫刘轲的秀才就写了一封信给他，劝他要尽史职。他给刘秀才回了信，明确地发表了自己对于修史的观点，恳切地剖白自己的顾虑。他认为修史的根本要领在于“据事迹实录”，使“善恶自见”。然而同一件事往往传闻不同，善恶的评判也因人而异，有人甚至“巧造语言，凿空构立善恶事迹”，这给修史者带来巨大的压力。他引述自古以来凡是以实录作史的人都没有什么好下场：

> 孔子圣人，作《春秋》，辱于鲁卫陈宋齐楚，卒不遇而死；齐太史氏兄弟几尽；左丘明纪春秋时事以失明；司马迁作《史记》，刑诛；班固瘐死；陈寿起又废，卒亦无所至；王隐谤退死家；习凿齿无一足；崔浩、范晔赤诛；魏收夭绝；宋孝王诛死……

从而得出结论说：

为史者，不有人祸，则有天刑。

韩愈在信中所说的古人“作史”而遭刑祸的事例未必都符合历史事实，但是他的这番言语，还是颇能表达他当时在屡遭排挤之后的惧祸心情的。“据事迹实录”，则其善恶美丑自当昭然若揭，而这在客观上就往往会带来不测之灾，这不独韩愈有切身的感受，稍有历史知识的人对此也不难理解。所以，人们对于历史上不怕强权，敢于坚持“实录”的史家，格外尊敬。

韩愈这封信的内容，几经流传，到次年正月，被柳宗元知道了。以前，他俩在交往中，都曾产生了修史的共同愿望。现在，柳宗元远贬永州，韩愈独任史职。但韩愈却产生了惧怕修史的想法。因此柳宗元寄书韩愈，一气呵成，一一加以辩驳。

柳宗元反问韩愈：修史则惧怕得罪人而不敢为，要是让你当御史中丞、大夫（御史台副长官、长官，掌以刑法典章弹劾百官罪行），那将会得罪更多的人，难道你就只管享受御史的待遇而不去履行御史的职责了吗？要是让你当宰相，那将会掌握满朝百官的生杀升降大权，也就会得罪更多的人，难道你就只管享有宰相的待遇而不去履行宰相的职责了吗？

韩愈早年曾写过《争臣论》，说“君子居其位，则思死其官”，又说“有官守者，不得其职则去；有言责者，不得其言则去”。柳宗元据此而说：“凡居其位，思直其道，道苟直，虽死不可回也；如回之，莫若亟去其位。”柳宗元的这番话，等于向韩愈提出了挑战性的劝告：如果你害怕罹祸，你就应该辞职让贤，不得忝居史位，空得荣名。

柳宗元在说了一通颇尖锐的话语之后，带着深深的感慨激励说：如今像你这样有学问，会写文章，又好发议论，而又慷慨自称正直刚强的人，还说出不敢修史的话，那么撰写唐朝历史的任务不就无人可以付托了吗？

柳宗元的批评语重心长，理直气壮，对韩愈来说，是一种巨大的激励。从韩愈方面来说，他不愿违背良心，干渎史职，做一个欺世盗名的史臣，但他又确实害怕因修史而得罪某些权贵，招来不测之祸。这种苦衷并不难以理解。后人有的抓住韩愈说的那句“为史者，不有人祸，则有天刑”的隐意极深的话，片面地加以申斥，无论如何不能和柳宗元的中肯批评相提并论。看来，柳宗元倒了解韩愈在修史问题上的矛盾，因此在批评中颇多激励。韩柳关于史官问题的通信成为史学史上的一宗美谈。

在修史的实际工作中，韩愈一方面有惧祸心态，一方面也还有难得的敬业精神，对修史表现了谨慎负责的态度。对于为历史人物立传，他能辨其大节，采录事实，有理有节。如当时的青年诗人元稹（时三十五岁）给韩愈写信，建议为甄济父子立传。韩愈认为甄济在安禄山部下，敢于弃暗投明，不随叛乱而死，后追赠四品之爵。其子立身行事有节，能救人急难，事迹俱可入史立传。但其子甄逢尚在，韩愈劝元稹勉励甄逢继续修身行事，有始有终，以便一书再书，扬善于天下。

韩愈任史官的时间大约一年零九个月，最大的成绩是写了《顺宗实录》。从元和八年（813）十一月开始，他与同在史馆工作的沈传师、宇文籍一起，在前任史官撰修《先帝实录》三卷的基础上，采访实际，检读文献，经过半年多的时间，修成了新的《顺宗实录》五卷，较之旧作，分量增加了六七成，内容上则“削去常事，著其系于政者”，“忠良奸佞，莫不备书；苟关于时，无所不录”（《进〈顺宗实录〉表状》）。全书比较客观详细地记录了顺宗即位期间所发生的朝政大事，尤其是“永贞革新”政治变革的始末，为后人提供了当时许多具体生动的材料，表现了他尊重客观事实、“实录”修史的观点；在“实录”史实中，表现了扬善抑恶的进步历史观。例如：

前面已经提到过，贞元十九年（803），他曾上书当时的京兆尹李实，希望得到他的提拔。在上书中对李实在京的政绩大加赞扬。后来他就任监察御史，在外出调查中发现京郊情况并不像他所说的那么好，但对李实的为人与施政还没有深入的了解。到了写《顺宗实录》的时候，他有大量的材料证明李实是一个聚敛无度、谄上压下、贪赃枉法的官吏，革新集团一上台，将他贬谪远州，是非常合理的。因此他如实地记载了整个详细的经过，甚至连李实离京之日，市民欢呼，“皆袖瓦砾遮道伺之”的生动情景与细节都如实记录下来。这反映了韩愈疾恶如仇的正直品格。

对于“宫市”，自设立以来，弊端明显。韩愈在大量事实面前，下结论：“名为宫市，而实夺之。”他在《顺宗实录》中，采录了一个很典型的事例：

> 尝有农夫以驴负柴至城卖，遇宦者称“宫市”取之，才与绢数尺，又就索门户，仍邀以驴送至内。农夫涕泣，以所得绢付之，不肯受，曰：“须汝驴送柴至内。”农夫曰：“我有父母妻子，待此然后食。今以柴与汝，不取直而归，汝尚不肯，我有死而已！”遂殴宦者。街吏擒以闻，诏黜此宦者，而赐农夫绢十匹；然“宫市”亦不为之改易。谏官御史数奏疏谏，不听。上初登位，禁之；至大赦，又明禁。

对于当时与明禁“宫市”相类的一些惠民善政，《顺宗实录》都加以采录。例如罢去扰民害民的“五坊小儿”；禁止从寺观选婢入宫充当乳母；释放宫女、教坊女妓。这些措施一颁布，“百姓相聚，欢呼大喜”。

又如：对阳城等人的描写。他早年写的《争臣论》曾经批评身为谏官而不履行谏职的阳城，面对宰相陆贽被裴延龄谗毁遭贬，敢于挺身而出，犯颜直谏，韩愈充满敬意加以详细叙写：

> 至裴延龄谗毁陆贽等坐贬黜，德宗怒不解，在朝无救者，城闻而起曰：“吾谏官也，不可令天子杀无罪之人，而信用奸臣。”即率拾遗王仲舒数人守延英门上疏，论延龄奸佞、贽等无罪状，德宗大怒，召宰相入语，将加城等罪，良久乃解，令宰相谕遣之。于是金吾将军张万福闻谏官伏阁谏，趋往，至延英门，大言贺曰：“朝廷有直臣，天下必太平矣。”遂遍拜城与仲舒等曰：“诸谏议能如此言事，天下安得不太平也！”已而连呼：“太平万岁！太平万岁！”万福武人，时年八十余，自此名重天下。

这不仅写了阳城，还写了王仲舒、张万福，可谓为忠臣伸张正义。

在《顺宗实录》中，韩愈也并不回避自己对“永贞革新”集团的首领王伾、王叔文个人品德的鄙视，对他们在执政期间排斥旧官、滥用新进的一些措施表示不满。这看来也是很正常的。即使这在客观上于当时的革新集团不利，也不能因此而全盘否定韩愈撰修《顺宗实录》的历史功绩。由于书中暴露了朝廷、宫禁中的一些腐败现象，后来竟招来了一些非议和诬陷，这也证明韩愈初任史官之时惧怕罹祸的心理是有复杂的社会背景的，当然，更可以证明韩愈敢于秉笔直书，是一个称职的史官。

元和九年（814），韩愈四十七岁。八月，孟郊逝世。孟郊是韩愈最要好的朋友之一。前面说过，孟郊于元和初辞去溧阳县尉，到京城谋职，经韩愈和李翱的推荐，到洛阳郑余庆手下任水陆运判官。当时已经五十七岁，自此定居洛阳。元和四年（时五十九岁），孟郊因丧母服孝家居，直到这一年（六十四岁）才以大理评事资格获任山南西道兴元军参谋（节度使是老上司郑余庆），就在八月赴任途中，暴疾卒于河南阌乡县。孟郊一生穷愁潦倒，死后丧事，竟成一个问题。韩愈从道义上尽了责任。他向孟郊的顶头上司郑余庆推荐朋友樊宗师去料理一切善后事宜，并且亲自为孟郊写墓志铭，还与张籍商定给孟郊私谥曰“贞曜先生”，以表彰他的高风亮节。

十月，韩愈改任考功郎中，仍任史馆修撰。十二月，以考功郎中身份任知制诰。考功是尚书省吏部的一个部门，主管文武百官的功过、善恶的考核与行状。郎中是这个部门的长官（从五品上）。知制诰是代皇帝起草文书的职位。韩愈能担任这个职务，说明宪宗这时对韩愈的信任和器重。韩愈也报以忠心，在次年写了《论捕贼行赏表》。事情是这样的：元和九年以来，地方藩镇对朝廷的抗衡愈来愈烈，朝廷的当权者中便形成了主战派和主和派——即主张用强硬手段、派兵平定的一派和主张用忍让姑息的措施、以求安定的一派。十年六月，镇州节度使王承宗派刺客埋伏于京城靖安坊，刺杀了主战派宰相武元衡，接着，李师道也派刺客刺伤了御史中丞裴度。这两宗刺杀案在京城引起了极大的震动。

宪宗于是下诏：有能捕得刺客的赏钱万贯，赐封五品官。重赏之下，果有勇夫，不久，刺客被捕获，但赏钱却迟迟未予兑现。于是韩愈上表宪宗，历叙成王、孔子、商鞅、刘邦等人如何守信而成大业，启发宪宗从国家大局出发，使“信在言前”，完成中兴事业。

元和十一年（816），韩愈四十九岁。正月韩愈被提拔为中书舍人（正五品上）。这是中书省的一个部门，相当于皇帝的秘书班子。这是朝廷中较重要的职务，韩愈本可以利用职务之便，报效国家。但仅仅五个月时间，他就被降为太子右庶子。从官阶上看，并没有降职，但太子右庶子是东宫太子的属官，属于顾问的闲职。韩愈在这个闲职上待了一年多。这等于被从朝廷权力中心排斥出来。之所以如此，是因为韩愈在对待藩镇的叛乱问题上持强硬的主战态度，得罪了持主和态度的当权派。其中详情，下一章将加以介绍。

八　从征淮西

上一章提到，在对待藩镇叛乱问题上，朝廷中已经出现了主战派和主和派。韩愈一直站在主战派一边。

元和九年（814），淮西节度使吴少阳死，其子吴元济在没有得到朝廷同意的情况下，擅自继承父亲的职位，统理军务。进而与朝廷抗衡，不纳贡赋。又进而剪除异己，掳掠州县，横行一时，成了朝廷的祸患。当时有一个隐居于嵩南的道士主动到京城来三献平淮西计策，都未被执政者所采纳，因而长揖而去。京城士大夫多为诗以赠，韩愈也写诗作序送行。韩愈向来反对佛道，但对维护国家统一、肯为国家担忧的道士并不加以排斥，于此也是一例。

元和十年（815），吴元济纵兵进犯洛阳附近，宪宗在忍无可忍的情况下，命令宣武等十几道兵马前往讨伐，并命宣武节度使韩弘为主帅。但由于各道兵马协调不好，战事并未有实质性的进展。当时，淮西附近各军“不闻有一人援桴鼓誓众而前者，但日令走马来求赏给，助寇为声势而已”。而远在鄂州的柳公绰（任刺史）却以儒将风度，“奋然率先，扬兵界上，将二州之守，亲出入行间，与士卒均辛苦，生其气势”。韩愈因此而大受感动，接连写了两封信给他，表示敬佩。(《与鄂州柳中丞书》)五月，宪宗派御史中丞裴度为行营宣慰使，代表皇帝慰劳诸军，并到各地观察用兵形势。裴度回朝之后详述淮西可取之状，正合宪宗之意，于是被提拔为宰相。这时，韩愈也从各方面了解到淮西的形势，判定淮西兵残力困，正是可以击败之际，因而也积极奏言。

韩愈认为，淮西叛贼为乱时间已长，耗费兵力军资巨大，已到了“残弊困剧之余”。王朝必须抓住有利时机，当机立断，部署进击事宜。他认为，只要皇上下定平乱决心，并做到上下齐心，“为统帅，尽力行之于前，而参谋议者，尽心奉之于后，内外相应”，则其功必成。他还根据当时的实际情况，提出了平乱的六条具体意见：

一、就近征集士兵。可在与贼界（蔡州）连接的陈、许、安、唐、汝、寿等州招募士兵。他们已受贼害，让他们参与平乱，就带有“护惜乡里”的正义色彩，因而容易调动他们平乱的积极性。“若令召募，立可成军；若要添兵，自可取足；贼平之后，易使归农。”而原来从各道发来的士兵，可以让他们将一些兵器给当地招募来的新兵使用，待新兵训练就绪之后，他们即撤回原地。韩愈认为，在当地招募士兵，“比之征发远人，利害悬隔”。

二、集中优势兵力。韩愈看到，前此包围蔡州的布点虽然很多，但每处兵力却甚少，“又相去阔远，难相应接”。所以反而常被叛贼攻劫，造成损伤。据此，他建议兵分四道，每道各置三万人，选择要害处屯兵，然后“审量事势，乘时逐利。可入则四道一时俱发，使其狼狈惊惶，首尾不相救济；若未可入，则深壁高垒，以逸待劳”。这是颇具实践意义的用兵策略。

三、必须优待俘虏。韩愈认为，蔡州士卒参与作乱，是为贼首所迫的不得已行为，“原其本根，皆是国家百姓”。因此，当他们成了俘虏之后，就不宜过多杀戮，而应“喻以圣德，放之使归，销其凶悖之心，贷以生全之幸”，使之“相率弃逆归顺”。这就不仅为平乱的现实献策，而且为平乱的善后提出了颇有深远政治价值的建议。

四、不可半途而废。前段期间，各道平乱不见效果的原因之一就是急于求成。“有司计算所费，苟务因循，小不如意，即求休罢。”有的将领估计国家未必会长期如此用兵，因而“拼力苦战，幸其一胜，即希冀恩赦”。而朝廷则往往“因其有请，便议罢兵”。韩愈认为，淮西作乱之地虽小，皇上以四海九州之力去对付它，实在是“太山压卵”，“难易可知”。但“欲速则不达”，不能小不如意，即作休罢，而应有取胜的信心，坚持到底。

五、要赏罚分明。“赏厚可令廉士动心，罚重可令凶人丧魄”，“不可爱惜所费，惮于行刑”。

六、要分化藩镇，孤立蔡州。对蔡州附近的淄青、恒冀、范阳等道，要晓以利害，避免他们与蔡州勾结在一起，从而使蔡州孤立无助，易被击破。

以上条陈，从一个侧面可见韩愈对朝廷的忠心，也可见韩愈成熟的政见和用兵的见解。

宪宗接受了包括韩愈在内的主战意见，下了决心，部署平定淮西的战役。

元和十二年（817），韩愈五十岁。七月，宪宗任门下侍郎平章事（宰相）裴度为平淮西宣慰处置使总督各军兵马，并允许裴度挑选合适的朝臣做自己的部属。于是裴度奏请刑部侍郎马总为副使，司勋员外郎兼侍御史李正封、都官员外郎兼侍御史冯宿为判官，礼部员外郎兼侍御史李宗闵为掌书记；还奏请太子右庶子兼御史中丞韩愈为行军司马（赐三品，衣鱼），协理军务，使韩愈得以随宰相裴度从征叛贼，施展政治、军事本领。

韩愈随裴度出征淮西，是他一生最得意的事业。从出师到凯旋，韩愈一直处于兴奋状态，一路诗文不断。所作的诗篇，除了少数保持以前与孟郊联句的那种险怪特色之外，较多的篇什显示出雄浑、博大的气魄，后人认为与盛唐名篇的气象相近。透过这些诗文，我们可以比较真实地了解韩愈的思想与心态。

裴度率部于八月三日在城东通化门拜别宪宗皇帝之后，即出征东行。八日，过华阴县，裴度同诸将到华山岳庙行祭拜礼，韩愈写下《华岳题名》，以作留念。

进入河南府，来到福昌县，面对女几山，裴度即兴写诗，韩愈奉和，作《奉和裴相公东征经女几山下作》：

旗穿晓日云霞杂，山倚秋空剑戟明。敢请相公平贼后，暂携诸吏上峥嵘。

一到洛阳，韩愈作为裴度密使，先赴汴州，恭请韩弘协力平乱。原来，从元和九年吴元济叛乱以来，韩弘曾是讨伐叛贼的各军统帅，他的军力较强，又处在靠近蔡州（吴元济驻镇之处）的汴州地界。但由于对平乱持观望态度，一直未有较大的军事行动。据此，裴度任命韩弘为都统（各路兵马的统帅），并让韩愈到汴州将平蔡的军事部署主动向韩弘摊牌，争取了韩弘的支持，客观上等于实实在在地壮大了平乱的实力。在这种情况下，韩愈对于平乱取胜就更充满信心。这在《送张侍郎》诗中有直接的表达：

司徒东镇驰书谒，丞相西来走马迎。两府元臣今转密，一方逋寇不难平。

“张侍郎”是指河南尹张正甫。他当时从洛阳赴汴州拜谒韩弘（韩弘以司徒身份任宣武军节度使），到汴州之后，接到裴度东征已来到洛阳的消息，于是急急忙忙西回洛阳迎接裴度。韩愈就在这种情况下写诗为他送行。诗中韩愈胸有成竹地对张正甫说：韩弘和裴度这将相两府已经取得默契，一方亡寇自不难平。

韩愈赶往汴州之时，裴度率部从洛阳来到郾城。时已八月二十七日，正值深秋。韩愈从汴州回到郾城，抑制不住胸中激情，便在夜里和李正封作起了多年未再作过的联句诗《晚秋郾城夜会联句》。诗中除了实写当时的政治形势、作战环境之外，还以较大的篇幅虚拟平乱奏捷的场面，以此抒发心中的壮志豪情。

在郾城，韩愈又和裴度一起分析蔡州兵马布局的虚实，建议裴度选派三千精兵抄小路入蔡州生擒吴元济。裴度采纳韩愈的建议，正要行动之时，唐州节度使李愬于十月十一日先攻陷蔡州之西，俘虏吴元济手下骁将李佑，在李佑的引导下，乘着雪夜，袭取蔡州，生俘了吴元济，迎候裴度的到来。裴度十月十七日率部进入蔡州，顺利地控制了蔡州的局面。裴度采用韩愈关于惩办首恶、安抚百姓的建议，很快将蔡州的善后工作做好。

生擒了吴元济，使其相邻的另一个与中央抗衡的势力并不太大的藩镇王承宗处于不知何去何从的状况，韩愈就向裴度建议，修书派人前往明示，晓以利害祸福。裴度采纳了韩愈的意见，王承宗果然大恐，上表朝廷，表示让出两个州归还朝廷。

淮西既平，裴度留下副帅马总为留后，大军即准备凯旋。这时，韩愈写了《酬别留后侍郎》：

为文无出相如右，谋帅难居郤縠先。归去雪销溱洧动，西来旌旆拂晴天。

看来，东征的成功，也还由于有像马总这样好的副帅。据载，马总“笃学，虽吏事倥偬书不去前，论著颇多”（《新唐书》本传），颇有儒将风度。韩愈称赞他文比司马相如，武比春秋时晋文公的元帅郤縠。说大队人马先行回朝，当在雪消春暖、溱洧二水波动之时；而到时您被召回京城，也当是旌旗蔽日，轰轰烈烈的。诗中含蓄地流露了韩愈对于平乱成功的喜悦之情。

十一月二十八日，裴度帅大军凯旋。韩愈相随而行，至襄城住宿，脑子里尽在想象进京受到迎接的场面。继续前行，已届年关，既想着回京与亲朋故旧贺年，更想着尽快回京奏捷，领略胜利的喜悦，于是写了《同李二十八员外从裴相公野宿西界》：

> 四面星辰着地明，散烧烟火宿天兵。不关破贼须归奏，自趁新年贺太平。

“李二十八员外”即李正封。由于王命在身，不敢在城里多逗留。大家随裴度于襄城西面与洛阳交界的野外夜宿。心中想的是早日到京，向朝廷奏捷。但置身于满天星斗的夜空之下，眼见王师“散烧烟火”，为新年的到来而互相祝贺，心中的喜悦也难以自抑。

过了襄城，进入洛阳地界，去蔡州日远，离京城也就日近了。其《过襄城》诗云：

> 郾城辞罢过襄城，颍水嵩山刮眼明。已去蔡州三百里，家山不用远来迎。

真是归心似箭，每过一处，都作诗记录当时的心路历程。

来到寿安县，眼前是开元遗址连昌宫。“宫前遗老来相问：今是开元几叶孙？”（《和李司勋过连昌宫》）韩愈正经历着宪宗时期的中兴政局，心里确实为当朝能继承开元盛世的事业而高兴。

来到峡石县，“试凭高处望，隐约见潼关”（《次峡石》）。回抵京城，已是指日可待了。

未进潼关，先到桃林，正是十二月七日，接到皇上圣谕：以彰义军节度、淮西宣慰处置使、门下侍郎平章事裴度守本官，赠上柱国、晋国公，食邑三千户。韩愈即作诗庆贺：

西来骑火照山红，夜宿桃林腊月中。手把命圭兼相印，一时重叠赏元功。

“命圭”是皇上赏赐给有功之臣的玉制品，上尖下方成平面板状。其大小因爵位与用途的不同而异。裴度封“公”爵，其所得玉圭当为九寸。裴度是此次平乱的第一功臣，受到皇上器重，既守相位，又得封为晋国公，可谓重叠受赏了。韩愈为之欢呼雀跃，是可以理解的。

在平淮西的过程中，韩愈真正获得了发挥才能的机会。这与裴度对他的信任有关。由此，裴度给韩愈留下了极为良好的印象。在随军凯旋的途中，心中的无限喜悦和对裴度的崇敬心情交织在一起，一再写下与裴度有关的快诗。大军从桃林经过荆山（即虢州湖城县内的覆釜山），潼关就在眼前，韩愈又即景生情，写了充满激情的《次潼关先寄张十二阁老使君》：

荆山已去华山来，日出潼关四扇开。刺史莫辞迎候远，相公亲破蔡州回。

题目的意思是：大军将停宿在潼关，先写首诗寄给张贾。潼关属华州，是进入京畿的关镇，其东面近有荆山，西面远有华山。张贾是华州刺史，他排行第十二，又曾任门下省给事中，按习惯可称为“张十二”“张阁老”；又汉代称州刺史为使君，后来便沿用作为对刺史的尊称。

这首小诗，豪情激荡。大军正在行进之中，荆山已去，华山将来；在红日高照中，潼关东西两门都将大开。华州刺史将不辞远路前来迎候：宰相率领着浩浩荡荡的平蔡天兵凯旋。诗中以刺史迎候来衬托相公的声威，作为相公的参谋，韩愈的豪情当也激越可感。

回到京城，裴度履行相职。其他随裴度东征者也分别获得新的任命。

韩愈随裴度东征，不仅表现了自己难得为人所知的用兵才干，而且表现了自己善与人处的和群作风。“平淮诗”中多是与同行将领的唱和酬赠之作，涉及主帅裴度，副帅马总，同行将佐李正封、冯宿、李宗闵，地方文武官员韩弘、张正甫、张贾等。韩愈与他们同仇敌忾，患难与共，在一定程度上建立了友谊。其中，李正封是韩愈的旧相识，在此次东征中，二人关系更加密切。

回京之后，别人都得到不同程度的升迁，唯有李正封仍居原职，并分司东都。其中详情，韩愈也不明就里，只有用诗来表达对朋友的深挚之情。《送李员外院长分司东都》：

去年秋露下，羁旅逐东征。今岁春光动，驱驰别上京。饮中相顾色，送后独归情。两地无千里，因风数寄声。

对东征的副帅马总，韩愈一直敬爱有加。两人在征途中建立了深厚的友谊。平蔡之后，马总留守蔡州，韩愈随裴度返京，新年元日韩愈还在返京途中，马总写诗寄赠韩愈。当时韩愈来不及回赠。事隔一年，元和十四年（819）元日，韩愈在京忆起往事，当时马总已调任华州刺史，于是写诗相酬。诗中既有叙旧，也有对马总忧国奉公的称赏。

韩愈获调刑部侍郎的新职。刑部是尚书省六部之一，掌律令、刑法、徒隶及刑狱复审等。侍郎是该部副官（正四品下）。韩愈虽然到任，实际并未履行职责，而是接受了皇帝交给的撰写平淮西碑的任务。

元和十三年（818），韩愈五十一岁。正月十四日，宪宗下诏韩愈撰写平淮西碑。这表示宪宗对韩愈的信任与赏识。韩愈“闻命震骇”，“经涉旬月，不敢措手”。经过七十天的精心劳作，写成了《平淮西碑》并序。

《平淮西碑》并序再一次体现了韩愈实录修史的精神。全文内容涉及平定蔡州的政治军事背景、作战的大体过程与奏捷册功的许多细节。序文还如实记载了平蔡之前，朝廷上主张征伐者少和主张安抚者多的现状。全文重点在突出宪宗皇帝决定征伐的英明、调兵遣将的机谋和对百姓的惠爱；对裴度坚决贯彻皇帝的意图，指挥各军协同攻蔡以及安抚蔡州士卒、百姓等，也作了并不夸张的记述。与此同时，对各将领的战功，尤其是雪夜入蔡州生擒吴元济的李愬的战功，都给予恰如其分的颂扬。在一定程度上表现了正义之师得民心与叛乱之贼失民心的历史事实。可以说，这是一曲平乱的凯旋歌，也是一份平定蔡州的历史文献。其中册功部分，除了写及裴度和马总之外，还写及当时随裴度东征的各位将领，如韩弘、李愬、李光颜、乌重胤、韩公武、李道古、李文通，唯独未及韩愈自己，这多少表现了一种谦虚谨慎的精神。

韩愈撰讫碑文，即进献御览，并按宪宗的指令，将碑文分送平淮的有功将领。宪宗览后甚为满意，即令刻石立碑。韩弘看过也甚为满意。虽然碑文中并没有着意写他，只是将他与诸将并列叙上一笔而已，但他却深受鼓舞，私下派人给韩愈送来绢五百匹作为谢礼。韩愈不敢贸然接受，上表皇上，听候指示。皇上让他接受，他这才收了下来。

然而，碑石树立之后，却卷起一场风波。李愬认为自己先入蔡州生擒吴元济，其功第一，应予突出叙写，而碑文却多叙述裴度之功，因此不服气。李愬的妻子是唐安公主之女，可以出入禁中，她向宪宗投诉碑文不实。皇上生怕李愬等武将因此而离心，为了笼络武将，竟下诏推倒碑石，让段文昌重新撰写。这对韩愈来说当然是一个不小的打击。

其实，韩愈并未抹杀李愬的战功，只不过他认为必须更突出裴度而已。虽然在碑文部分，对李愬的雪夜入蔡州并未作单独的描写，但在序文部分，对李愬用兵的时间、地点、行动与战功等已经先有颇详细的交代：

> …… 十二年八月，丞相度（裴度）至师，都统弘（韩弘）责战益急，颜（李光颜）、胤（乌重胤）、武（韩公武，韩弘之子）合战益用命，元济尽并其众洄曲（在郾城东南三十里）以备。十月壬申，愬用所得贼将，自文城因天大雪疾驰百二十里，用夜半到蔡，破其门，取元济以献，尽得其属人卒。辛巳，丞相度入蔡，以皇帝命赦其人，淮西平，大飨赉功 ……

从这段文字可见韩愈在叙述平淮战斗中，既注意到各位将领的集体配合的作用，也突出了李愬首入蔡州生擒贼酋的功绩，韩愈并没有抹杀任何将领的功勋。认为“碑文不实”是没有道理的，认为韩愈有意抹杀李愬的战功，更没有根据。但现实就是如此，令正直秉公的史臣徒呼奈何。

不过，历史是公正的。晚唐李商隐《韩碑》诗充分肯定韩愈的碑文与序文。认为这是大笔淋漓之作，“斯文若元气”，“已入人肝脾”；说它是“点窜尧典舜典字，涂改清庙生民诗”。可与经典之作媲美。宋代苏轼《临江驿》诗云：“淮西功业冠吾唐，吏部文章日月光。千载断碑人脍炙，不知世有段文昌。”韩愈撰写的《平淮西碑》并序毕竟流传了下来，为后世的史臣所采用，而段文昌重写的碑文却形同虚设，无人问津。

九　再贬岭南

写作碑铭，在韩愈来说已不是新鲜的事。自他声名远播以来，四方延请他撰写碑铭者不可胜数。他从中获得一些报酬，也在情理之中。但他从不把这当作生活的依靠。除了对一些无关紧要的人物，出于应酬的需要，信手揄扬一番之外，对于一些有影响的人物，他的叙事评论还是颇有分寸的。《平淮西碑》在事件的选择、人物的安排、评论的详略等各方面都是经过一番认真的推敲的。

但就是这样认真写成的碑文，还是招来某些非议，最后连宪宗皇帝也加以否定，这未免太使他灰心了。他身居刑部侍郎的要职，反而觉得寂寞无所事事，仿佛是在宦海中漂泊，担惊受怕，一旦登上彼岸，还来不及由衷庆幸，却已疲倦颓然，只顾歇息。看他这时所写的《独钓》四首其二就可见他的心伤：

坐厌亲刑柄，偷来傍钓车。太平公事少，吏隐讵相赊。

韩愈当时任职刑部侍郎，掌握着刑罚大权，但是官场的险恶令他生厌，而又身不由己，因此，只好以吏为隐，用赏花垂钓来“陶冶情性”，实则麻醉自己。但这种平静是不正常的，是不能长久的，因为这不符合韩愈的思想性格。果然，后来的事实说明了这只是风暴到来之前的沉寂罢了。

元和十四年（819），韩愈五十二岁。正月，宪宗派了三十个宫人到凤翔法门寺，迎接据说是释迦牟尼的指骨舍利。这是已经相沿成习的仪式。因为据佛教徒的宣传，凤翔法门寺护国真身塔中有佛教始祖释迦牟尼的指骨舍利一节。塔三十年一开，开则五谷丰登，国泰民安。宪宗好大喜功，听信佛法，竟大事铺张，迎此佛骨入禁中供奉三日，再送佛祠，借以点缀升平。于是京师内外，朝廷上下，奔走相告，废业施舍，唯恐在后，弄得沸反盈天。韩愈早就对佛教的盛行极为不满，写过《原道》，指出佛教和道教的盛行极大地妨碍国计民生，主张毁坏寺观，令僧尼道士还俗为民。他在讲学、著文中，也曾多次指责佛教思想的荒谬。殊不知佛事竟愈演愈烈，直至中兴之主宪宗皇帝也信以为真，大搞崇佛活动。因此，他再也忍不住隐藏在心中的忧虑，大胆地上疏谏迎佛骨。这是唐代一篇极有价值的反佛文献，它闪耀着韩愈思想智慧的光芒，表现了忠言直谏的性格和勇气。

《论佛骨表》的开头，以无可置辩的事实说明东汉以前佛事未传入中国，历代的帝王包括黄帝、少昊、颛顼、帝喾、帝尧、帝舜、大禹、商汤、太戊、武丁、周文王、周武王、周穆王等也未信佛，但都寿长位久；而东汉明帝以后，佛事传入中国，那些信佛的帝王却罹祸身亡：

> 汉明帝时，始有佛法，明帝在位才十八年耳；其后乱亡相继，运祚不长，宋齐梁陈元魏已下，事佛渐谨，年代尤促。惟梁武帝在位四十八年，前后三度舍身施佛，宗庙之祭，不用牲牢，昼日一食，止于菜果，其后竟为侯景所逼，饿死台城，国亦寻灭。事佛求福，乃更得祸；由此观之，佛不足事亦可知矣！

文章接着讲唐高祖时想下令禁止佛事，到了宪宗即位之初也曾抑制佛事的蔓延，但想不到今日却演出了迎接佛骨的活剧，上行下效，其后果岂堪设想。文章还从儒学观念出发斥骂佛教徒“口不言先王之法言，身不服先王之法服，不知君臣之义、父子之情”。

假如使释迦牟尼还在人间而来朝拜大唐，最多也只能以礼接见，随后便得送出境去，以免惑众，何况是“身死已久，枯朽之骨”，岂可迎入宫禁之中？文章最后建议“付之有司，投诸水火，永绝根本，断天下之疑，绝后代之惑”。

这篇上疏立意鲜明，忠心可掬，措辞柔中有刚，虽然力求婉转，但始终掩藏不了对于佛事活动的极端不满。

宪宗接读韩愈的谏书后大发雷霆。这个中兴英主，即位以来，被一系列的胜利冲昏了头脑，以为建树甚丰，该永享清福。所以遍求长生之药，服食之后，性情暴躁乖僻。他身边的官员，无事还常受训斥，何况韩愈谏书上历陈崇佛者短命，这真是触犯了忌讳。他一怒之下，要将韩愈处死。裴度、崔群挺身而出，为韩愈说情，他们说："愈言讦牾，罪之诚宜;然非内怀至忠，安能及此?愿少宽假，以来谏争。"而宪宗皇帝却盛怒未消说："愈言我奉佛太过，犹可容；至谓东汉奉佛以后，天子咸夭促，言何乖剌耶?愈人臣，狂妄敢尔，固不可赦。"后来好在有皇亲国戚也相继出来为韩愈说情，才使韩愈免于一死，改贬为潮州刺史。

潮州（今广东省潮州市）在岭南之南，南海之滨，离京城八千里，是当时京都官员闻而生畏的去处。正月十四日，贬令一下，韩愈即日奔驰上路。上疏时的一片赤诚忠心换来的却是几乎杀身的震骇。他对于贬谪的前景还来不及略加思索，就匆匆告别了亲人，踏上了莫测的途程。随后，家属也被迫迁出京城，尾随南下。侄孙韩湘赶到蓝关相伴而行，韩愈才仿佛病人手术之后麻药过时，感受到创痛。于是，百感交集，聚于笔端，写下了震撼人心的名篇《左迁至蓝关示侄孙湘》：

> 一封朝奏九重天，夕贬潮阳路八千。欲为圣明除弊事，肯将衰朽惜残年。云横秦岭家何在？雪拥蓝关马不前。知汝远来应有意，好收吾骨瘴江边。

韩愈从座上客一下子变成了阶下囚。忠君未必就有好报，这岂不令人心寒！虽然倔强的性格促使他对自己的忠诚再做一次无力的申辩，但是却无法掩盖对自己前途的悲观失望。面对眼前现实，秦岭横亘于前，天空阴云密布，蓝关堆雪，马儿不能前行，何处是自己的家？亲人侄孙韩湘好意赶来陪伴，但说不定这是到瘴气弥漫的潮州去为我收殓尸骨呢。

过了蓝关，来到商洛地区的武关，遇到一群发配到湖南的吐蕃囚犯，韩愈又有感而发，借苦说苦，写了《武关西逢配流吐蕃》诗：

> 嗟尔戎人莫惨然，湖南地近保生全。我今罪重无归望，直去长安路八千。

不久，家属赶了上来。但十二岁的四女儿韩挐却在受累惊骇、旅途劳顿中死去。身负重罪的韩愈只能抑制着极大的悲痛，将她草草葬于商州层峰驿旁的山下，然后继续赶路。当时是二月二日。

在商州遇雪，行人稀少，行途显得十分落寞；进入邓州边界则见雨天，春泥满地，路途更加难走。往下走到长沙（西汉贾谊的贬所）还有相当远的路程，而到潮州就更遥远了，韩愈又写了《次邓州界》诗：

潮阳南去倍长沙，恋阙那堪又忆家。心讶愁来惟贮火，眼知别后自添花。商颜暮雪逢人少，邓鄙春泥见驿赊。早晚王师收海岳，普将雷雨发萌芽。

恋阙、思家是这时最基本的心态；心烦、眼花是这时真实的身体状况。由于当时淄青节度使李师道盘踞山东和河南东部，与朝廷对抗，朝廷正组织力量进行讨伐。因此，韩愈盼望王师平定海岳，使当地百姓得以休养生息，而他自己也可以借朝廷庆功的机会，获得赦免。这是他在贬途中最真实的思想。

一路的自然险阻使得韩愈忧心如焚，贬途简直是度日如年。经过两个月，来到了乐昌附近的泷水，即武溪水。十五年前，韩愈曾被贬来阳山县，阳山也属岭南。再次贬来岭南，进入乐昌，凭直觉，这里离潮州应是不远了。他小心翼翼地向泷吏打听去潮州的路程和潮州的情况。泷吏告诉他：到潮州还有三千里路程，那里濒临海边，飓风常作，瘴气聚集，鳄鱼骇人。泷吏说的三千里显然并不确切，是信口而说，表示还很遥远就是了。但韩愈信以为真，感慨地写了《题临泷寺》：

不觉离家已五千，仍将衰病入泷船。潮阳未到吾能说，海气昏昏水拍天。

潮州在隋朝时是属于潮阳郡。韩愈继续南行，经过韶州，想起了幼年时曾经随哥嫂在此生活，如今哥嫂已不在人世，而自己被贬南来，无人可以谈论旧事，心中十分惆怅。好在韶州刺史张端公对他没有另眼相看，而是热情地接待了他，分手之后，韩愈南行到宣溪时还收到他寄来的叙别的信。对此，韩愈颇受感动，写了热情洋溢的回赠诗二首，其中一首云：

兼金那足比清文，百首相随愧使君。俱是岭南巡管内，莫欺荒僻断知闻。

诗意是说张端公的惠书比金子还珍贵，自己即使回赠百首诗篇犹觉有愧。好在韶州与潮州俱为岭南道管辖，希望不因潮州之荒僻而断了书信来往。

不久，韩愈来到广州。当时任桂管观察使的裴行立派元集虚给他送来医药和书籍。韩愈大为感动，写诗云：“生平所未识，待我逾交亲。遗我数幅书，继以药物珍。药物防瘴疠，书劝养形神。…… 穷途致感激，肝胆还轮囷。”

元集虚从桂林经柳州来广州的时候，柳宗元已从永州改贬柳州。柳宗元也请元集虚带信来给韩愈，表示慰问。韩愈则请元集虚向柳宗元致意，盼望他早日被召回朝廷，甚至说：“余罪不足惜，子生未宜忽。”深为他的处境挂心。

元集虚是个道士，是柳宗元的好朋友，有学问，好游历，对岭南各地颇为熟悉。韩愈未见他之前，已经读过柳宗元赠他的诗篇，没想到竟在岭南见面，并且“旬日同食眠”，一起南行了一段路程，相处甚洽。在行途中，韩愈初次尝到岭南鱼鲜及土著食物，如鲎、蚝、蒲鱼、蛤、章鱼、蛇等，既觉得新奇，又颇为害怕，别有一番滋味。韩愈把尝鲜的过程与感受写成诗告诉元集虚，可见在短短的相处中，两人已经建立了感情。分手时依依不舍，韩愈还以诗送别。

韩愈沿路南下，来到增城，正逢江水泛滥，又听说当地常有水患，不禁又感慨万分，写了《宿曾江口示侄孙湘二首》：

……三江灭无口，其谁识涯圻？暮宿投村民，高处水半扉。犬鸡俱上屋，不复走与飞。篙舟入其家，暝闻屋中唏。问知岁常然，哀此为生微……

舟行忘故道，屈曲高林间。林间无所有，奔流但潺潺。嗟我亦拙谋，致身落南蛮。茫然失所诣，无路何能还？

逐客之感与灾民之苦溢于字里行间，非亲历亲受，不能有此措辞。

经过七十天的行程，韩愈于当年三月二十五日到达南国古老的城邑 —— 潮州。

在一般的情况下，大官谪为边州刺史，大多不管政务。而韩愈却因负“罪”在身，不敢不尽点职责。当时的潮州，只有万余户人口，经济和文化都相当落后。韩愈以朝廷命官的身份向当地官民宣传天子的神圣和朝廷的功绩，并表示关心民间的疾苦。

韩愈大半生养成了到处宣传儒学的习惯。来潮州后，也碌碌为事，不稍懈怠。他察访民情，了解到海边人民受鳄鱼侵害，就想为民驱鳄。但在当时的情况下，制服鳄鱼谈何容易！这时韩愈相信迷信做法，摆开了祭海的架势：派僚属以一猪一羊投于恶溪之中，并写了《鳄鱼文》，临溪宣布鳄鱼罪状，命令鳄鱼三至七日之内徙于大海，否则将“选材技吏民，操强弓毒矢”，杀尽鳄鱼而后止。也许由于偶然的原因，自此以后，在韩愈任职潮州期间及以后相当长的时间内，当地未再发生鳄鱼危害事件。于是人们便将功德算在韩愈身上。韩愈一纸祭文便将鳄鱼驱走，这当然是附会之谈。但他为民除害的诚心是获得老百姓和后人称赞的。而他所用的方法却是迷信的方法，这正反映了当时人们对自然灾害斗争的水平还很低，也反映了韩愈本身世界观的复杂性。

与祭鳄相类似的是祭湖神。韩愈在潮期间，先后举行了五次祭拜山水的活动，目的是风调雨顺，境内安详。这虽然也是迷信活动，但既体现对人民疾苦的关心，又符合当地民间的习俗。

韩愈在潮州办的一件大事是置办州学。当地的州学废弃已久，百多年来，没有人被推荐到朝廷参加过科举考试。为了宣传儒学，选拔人才，韩愈拿出自己的薪俸，置办州学，聘请当地秀才赵德为衙推官，专管州学，并报朝廷核准。赵德在韩愈心目中，是一个通经能文、知先王之道、宗孔氏而排异端的人。韩愈与他交朋友，他以韩愈为师，抄录了韩愈平生所写之文，还写了序言。

韩愈在潮州期间，由于地方偏僻，与同僚故旧的联系大大地减少了，但同僚故旧并没有忘记他。

元和元年（806）从彭城步行到洛阳拜韩愈为师的刘叉（韩孟诗派的重要诗人），这时写了《勿执古寄韩潮州》，诗中对古往今来由于追求“古道”而得不到好下场作了痛心的评述，赞扬那些“执古道”的人所表现的凛然气节。但由于韩愈是行“古道”而获罪南迁的，所以，刘叉从爱护韩愈出发，规劝韩愈“勿执古”，以远祸全身。

曾受知于韩愈的贾岛，这时也与韩愈有诗文来往。他写了《寄韩潮州愈》诗：“此心曾与木兰舟，直到天南潮水头。隔岭篇章来华岳，出关书信过泷流。峰悬驿路残云断，海浸城根老树秋。一夕瘴烟风卷尽，月明初上浪西楼。”诗中说他一直为远在南国的韩愈挂心，说及与在潮州的韩愈有书信来往，还通过对岭海景物的憧憬，含蓄地对韩愈表示劝慰和良好祝愿。

近在柳州的柳宗元，在托元集虚带信来给韩愈之后，又写诗赠韩愈，韩愈便写了《答柳柳州食虾蟆》。诗以轻松的笔调描写到潮州以后吃青蛙的详情与感受，从一个侧面可见两人之间关系的亲密。

这时，韩愈的老朋友张籍的岳父逝世，张籍特地派人从京城南下八千里来到潮州请韩愈为之写碑文，韩愈当仁不让，满足了他的要求。

韩愈在潮州时还与外号叫大颠的和尚交了朋友。大颠是当地有名的和尚，“颇聪明，识道理”。韩愈因在当地并无多少朋友可以来往，于是写信邀请他来做客，并留住十数日，对他有了更多的了解，觉得他“实能外形骸以理自胜，不为事物侵乱。与之语，虽不尽解，要自胸中无滞碍；以为难得，因与来往”。不久，韩愈还借到海边祭神之便去探望他。由于和他建立了私人感情，后来，韩愈离开潮州时，还送他一套官服作为留念。在韩愈来说，与大颠和尚的交往，纯属人情之常。但韩愈向来宣扬排佛，因此，有人就借此向韩愈发难，认为这是“舍先王之法而从夷狄之教以求福利”。韩愈不得不为此作出解释和申辩。在他看来，排佛是不能有所妥协的，但排佛不等于不能与和尚个人交往。

韩愈的解释和申辩是有道理的、可信的，这有许多往例可以佐证。

早在贞元十六年（800）他在洛阳的时候，就有一个名叫澄观的和尚受某州刺史的委托来拜见韩愈。韩愈就此事写诗送他。诗的开头就对佛徒挥霍浪费大造佛寺加以斥责。接着，写未见澄观之前，听到别人对澄观的评价：“皆言澄观虽僧徒，公才吏用当今无”，“又言澄观乃诗人，一座竞吟诗句新”。那时就叹息与他无缘相见，如有机会，一定要劝他还俗从政。诗的最后，写见了澄观以后，觉得印象平平，根本不可能使他还俗从政，因此，只让他回去向刺史致意而已。

贞元十九年（803），韩愈在四门馆任博士，当时，有一个叫文畅的和尚喜欢周游天下，每到一处，必得当地名流诗文相赠。现在他要行游东南，欣慕韩愈文名而由柳宗元介绍来求赠文宝。韩愈欣然从命，作了《送浮屠文畅师序》。序中欣赏文畅身为和尚却喜欢了解儒家的学说，猜想他一定是“见吾君臣父子之懿，文物事为之盛”，心有所慕又身不由己；由此韩愈认为同僚“宜告之以二帝三王之道”即儒家的仁义道德、礼乐刑政的道统，而不宜以“浮屠之说”渎告之。后来，元和元年（806），韩愈到京再任国子博士，文畅将行游北国，又来向韩愈乞序，于是韩愈写了《送文畅师北游》诗。诗中回忆过去与文畅的交往，介绍自己的经历与打算，把文畅当作朋友看待。

贞元二十年（804），韩愈在阳山贬所，曾与和尚惠师、灵师二人交往，其用意与举措亦与排佛主张不相矛盾，这在本书第五章中已经作了介绍。

元和元年（806），有一个叫文约的和尚，来向韩愈乞诗。文约也是到处云游、不甘寂寞的人，曾拜访过柳宗元、刘禹锡等。当时，虔诚崇佛的工部侍郎归登有诗赠文约，韩愈即作《和归工部送僧约》：“早知皆是自拘囚，不学因循到白头。汝既出家还扰扰，何人更得死前休？”既讽刺文约，又含蓄地讽刺归登。

其实，韩愈不仅与一些和尚有交往，而且与一些道士也有交往。他和道士的交往也并不与他排斥老庄道学有丝毫的矛盾。上一章说过，他为来献策平定淮西的张道士作诗写序。他还写序称赞高闲道士善于书法，写序称赞廖道士善于知人。这都说明韩愈善于处理排斥佛老和与僧道交往的关系。

韩愈虽然被贬来潮州，但身在潮州，心系朝廷。到潮州不久，他就上表宪宗皇帝，一是表示认罪，二是汇报行程及到任后的简况，三是对皇帝歌功颂德，劝皇帝到泰山封禅庆功。这多少打动了宪宗皇帝的心。七月，宪宗册尊号为“元和圣文神武法天应道皇帝”，韩愈闻讯，马上上《贺册尊号表》，对宪宗加以颂扬。恰好遇宪宗大赦天下，于是，十月二十四日准例量移，改授袁州刺史。袁州即现在的江西省宜春市。

韩愈接到调令之后，诚恳邀请按他的意图兴办州学的赵德与他同行。赵德没有同意，于是他写了《别赵子》诗赠别。

韩愈在潮州只有八个月左右时间，由于他为当地做了一些兴利除弊的事，因此给当地人民留下了颇好的印象。后人纪念他，歌颂他，把他登览过的东山称为“韩山”，将当地的恶溪改称为“韩江”，甚至将他手植的一棵橡树称为“韩木”，自宋代开始，就建祠纪念他，祭祀他，有关的文物古迹、逸事传闻至今还保留了不少。

韩愈量移袁州的消息传到韶州之后，韶州刺史张端公即写诗来祝贺。韩愈此时心情格外开朗，当即回赠诗篇，表示赴袁州途中一定去韶州拜谢他。不久，韩愈离开潮州，未到韶州即派人先行前往张端公处呈诗、借用韶州地图，准备在韶州有所逗留，领略当地山水风光。诗云：

曲江山水闻来久，恐不知名访倍难。愿借图经将入界，每逢佳处便开看。

曲江是流经韶州的河流。诗中含蓄地表示对张端公的亲切情怀。到韶州之后，再一次受到张端公的热情接待。分别之时，写了《韶州留别张端公使君》，诗中有“来往再逢梅柳新”之句，可知当时已是元和十五年（820）的春天了；又有“已知奏闻当征拜，那复淹留咏白蘋”之句，是说张使君的政绩已经上奏朝廷，不久当可征拜入朝，不再久处岭南了。表示了对张端公的深切关怀。

离开韶州之后，韩愈不久就抵达了袁州。

十　国子祭酒

元和十五年（820），韩愈五十三岁。正月二十七日，宪宗暴病而死，闰正月三日穆宗即位。当时韩愈正在从韶州赴袁州的途中，闰正月八日，韩愈到任，即写了《袁州刺史谢上表》。接着，写了《贺皇帝即位表》；按例，皇帝即位，必实行大赦，于是韩愈写了《贺赦表》；又，穆宗尊母后为皇太后，韩愈便写了《贺册皇太后表》。这些上表无不充满着对皇上的歌功颂德。

韩愈在赴袁州的途中，得知好友柳宗元已于十一月八日逝世的消息，十分悲痛。到袁州后，就写了《祭柳子厚文》寄往柳州。祭文以直抒胸臆的笔调，抒发了对柳宗元的钦佩和挚爱。七月，由裴行立出资将柳宗元归葬于长安万年县其先人侧，韩愈就为之撰写《柳子厚墓志铭》。

韩愈比柳宗元大五岁。他们曾经作为同僚在御史台共事过；但很快韩愈被贬阳山，不久，柳宗元也因参与“永贞革新”而长期被外贬，十五年来二人未再相会，但一直心交未断，在诗文交往中，在社会活动中，他们成了诤友。韩愈为了宣传儒学，倡写古文而收召后学，曾受到一些人无端的攻击，柳宗元就在贬地永州声援他，痛骂那些詈骂者是蜀犬吠日；韩愈说为文在于“志道”“明道”，把写作古文与宣传儒学统一起来，并且身体力行，不断创作出令人激赏的作品，柳宗元就与他遥相呼应，提倡“文者以明道”（《答韦中立论师道书》），并且一再写出可与韩愈散文相媲美的作品；当有人嘲笑韩愈的《毛颖传》时，柳宗元就撰文称赞韩愈这篇奇文“发其郁积，而学者得之助”（《读韩愈所著〈毛颖传〉后题》）；韩愈担任史官职责的时候，曾经产生了畏难情绪，柳宗元就直言不讳地写信与他论辩，激励他做个称职的史官；韩愈谏迎佛骨被贬潮州时，柳宗元托裴行立给他带来慰问信，韩愈后来回赠了诗篇。他们二人在长期的神交、文交中建立了深厚的友谊，以至于柳宗元病逝之前敢于嘱人将幼子托付给韩愈抚养。而韩愈一向欣赏柳宗元的文章，说“雄深雅健，似司马子长”（见刘禹锡《河东先生集序》引）。

正因如此，韩愈对柳宗元的逝世，深感悲痛。他除了遵嘱抚养柳宗元的遗孤之外，在所写的追悼文章中，一再称颂柳宗元的品德与才学，对他的不幸遭遇深表同情与惋惜。如说他——

俊杰廉悍，议论证据今古，出入经史百子，踔厉风发，率常屈其座人；名声大振，一时皆慕与之交，诸公要人争欲令出我门下，交口荐誉之……衡湘以南为进士者，皆以子厚为师，其经承子厚口讲指画为文词者，悉有法度可观。（《柳子厚墓志铭》）

对他被贬远州期间的心态，也有切实的记载：

……又例贬州司马。居闲益自刻苦，务记览，为词章泛滥停蓄，为深博无涯涘，而自肆于山水间。……（同上）

对他任柳州刺史期间，颁发释放奴婢的政令一事，特别加以介绍，以示敬佩。而于个人友朋之间，柳宗元曾出于对刘禹锡的无私友爱，在刘禹锡被贬播州之时，向朝廷哭诉：为了让刘禹锡能亲自照顾白发老母，他“愿以柳易播”，即愿意和刘禹锡调换贬地，让刘禹锡到柳州去，而自己到播州去——因为“播州非人所居”。韩愈就此事大发议论，认为“士穷乃见节义”，世间小人，常以小利反目，甚至落井下石，与柳宗元相比，应该觉得惭愧了。

总之，韩愈量移来到袁州得知柳宗元噩耗消息之后，在悲痛之余，对柳宗元称美有加，怀念有加。这种感情维持了很长时间，几年后，柳州为柳宗元立碑，韩愈就带着同样的感情，再一次为之执笔撰写《柳州罗池庙碑》。

韩愈与柳宗元之交，在唐代文坛上值得大书一笔。

在袁州，韩愈除了为柳宗元的逝世致哀之外，还因为侄孙韩滂的早逝而无限悲戚。韩滂与韩湘两弟兄是韩愈的侄儿老成的儿子，老成（即十二郎）已于贞元十九年（803）早逝，韩愈一直照顾着两个侄孙，和他们产生了深厚的感情。当日南贬潮州之时，韩滂与韩湘曾随后赶上韩愈，与韩愈一同尝到人世的冷暖与生活的辛酸。韩愈一直认为因自己左迁而连累了子侄，心中别有一番难受的滋味。但还是万万没想到年仅十九岁的韩滂竟也先他而逝。他和妻子带着极度的伤心为韩滂设祭，他写了祭文，痛悼侄孙“未冠而夭”；又因自己正处于离家别井之中，只好将韩滂“权葬宜春（即袁州）郭南一里”。

也许是受了柳宗元的启发，韩愈在袁州刺史任上，也做了释放奴婢的善事。袁州地属山区，农民贫困，往往因水旱灾害，生活无着，向富家借债而不能偿还，最后不得不以人身典赎债务，成为奴婢，任主人驱使鞭笞，至死方休。韩愈到任以后下令将他们一律释放，共计七百三十一人。同时，他还想到全国各地一定也有不少这种奴隶存在，于是在后来他调往京城之后，就向穆宗皇帝上疏，要求皇帝下令全国一律释放此种奴隶，并勒令长吏严加检责，不得有所隐漏。

韩愈在袁州任上仅八个月时间，所为政绩并不太多。以他一贯所坚持的儒家仁政思想为指导，他一如既往，关心民生疾苦。他在袁州之时，正值大旱，于是他又重复在潮州时的祭神行动，先后祭拜了城隍之神和仰山之神。祭神的行动和所写的祭神文虽然都是属于迷信之举，但其中确实倾注了韩愈关心老百姓疾苦的感情。

在袁州期间，适逢江西观察使王仲舒修建滕王阁，竣工以后，便约请韩愈写记。韩愈于是年十月为之写了《新修滕王阁记》。

当年九月，他得到调回京城任国子祭酒的诏令。他心中暗自惊喜，想起了去年贬谪潮州路过岳州时曾祈祷湘水之神保佑他；认为现在调回京城应是神在显灵，暗中护他。于是他竟拿出十万私钱托岳州刺史王堪修建黄陵庙，回京以后又为此事写了《黄陵庙碑》。

十月，韩愈离开袁州赴京城任职。他途经洪州，受到王仲舒的盛情接待，分别时写了《次石头驿寄江西王十中丞阁老》：

凭高试回首，一望豫章城。人由恋德泣，马亦别群鸣。寒日夕始照，风江远渐平。默然都不语，应识此时情。

诗中表达的是诗人对主人的依依惜别之情。“人由恋德泣，马亦别群鸣”，何等情语。全诗的格调已无复昔日奇险之迹。而诗味的醇厚与诗情之动人，则不减当年。

他顺道来到江州，上了庐山，游览了西林寺，写了《游西林寺题萧二兄郎中旧堂》诗：

> 中郎有女能传业，伯道无儿可保家。偶到匡山曾住处，几行衰泪落烟霞。

萧二即萧存，是萧颖士的儿子，与韩愈的大哥韩会及当时的名流梁肃友善。韩愈此时拜访萧存弃官隐居之处，得知其子皆已故世，惟二女尚存，因而感慨落泪。

不久，途中经过商南层峰驿旁山边女儿韩挐墓旁，触景伤情，一生颠沛的冤情倾泻而出，写了《去岁自刑部侍郎以罪贬潮州刺史乘驿赴任其后家亦谴逐小女道死殡之层峰驿旁山下蒙恩还朝过其墓留题驿梁》一诗：

> 数条藤束木皮棺，草殡荒山白骨寒。惊恐入心身已病，扶舁沿路众知难。绕坟不暇号三匝，设祭惟闻饭一盘。致汝无辜由我罪，百年惭痛泪阑干。

诗中写为亡女草草埋葬和设祭、绕坟的简陋，正反映韩愈当时被贬南下时的卑微身份和落魄处境。“致汝无辜由我罪”一句，包含着无限的心酸，真是可怜天下父母心！这是借对骨肉之情的悼念来抒发自己百感交集的悲哀。诗中隐隐约约地反映了两次贬谪岭南在心灵上留下的巨大创伤。

韩愈于当年岁暮抵达京城。

长庆元年（821），韩愈五十四岁，正月，就任国子监祭酒。

韩愈在国子监任职，此次已是第四回了。前三回任的是博士（教授）职务，这回升任为祭酒（校长）了。

国子监祭酒（从三品）是总管国子学、太学、四门学等七学之长，这正是韩愈发挥才能的职位。这时韩愈已经五十四岁，多年的劳顿和伤怀，使他早已白发苍苍，齿牙稀疏，显得老态龙钟了。但事业心促使他振作精神，尽心供职。在任半年之内，他在下列两方面做出了成绩：

一方面延请硕儒为师。例如当时的张籍还在秘书省任校书郎，颇为潦倒。韩愈深知张籍的为人与才学，觉得现职对他来说实在是大材小用，于是向穆宗皇帝推荐他为国子博士。

一方面革除弊政、整顿学风。他上表请示纠正当时国子监各学招生中的混乱现象，提出扩大太学、四门学的招生范围，把入学的等级略为降低，直至酌情招收一些没有特权可以继承但有才学的青少年入学。他还利用朝廷委托他选择“有经艺堪训导”的生徒充当学官的机会，一改当时吏部选人“多循资叙，不考艺能，全令生徒不自劝励”的旧习，对人选实行严格的考核。凡初选为学官的儒生均应向国子监生徒作学术报告，这既可以了解有关人选的才学深度，又能活跃学习气氛。难怪生徒奔走相告说：“韩公来为祭酒，国子监不寂寞矣。”他还以长者的身份与一位有才学、能讲《礼》经但容貌丑陋的教师一起进餐，使得学官中那些不愿与这位教师共餐的豪族子弟再也不敢贱视这位教师，从而逐渐养成尊重人才的风气。

韩愈的上述举措并非一时的心血来潮，或故作姿态，而是有其丰富的教育实践和深刻的教育思想为基础的。

他在这次任祭酒职务之前，已经担任过四门馆博士，并一再担任过国子学博士，在贬谪潮州期间，他积极兴办州学。

他对于教育事业，不仅身体力行，而且表现了难得的敬业精神。同时，他不仅积极实践，而且有理论、有主张。

早在初为博士的时候，他就写了著名的论教名篇《师说》，在批评当时社会上关于从师学习的不良风气的同时，大声疾呼尊师重道。还明确地提出了教师的职责是“传道、授业、解惑”。更可贵的是，韩愈在文中既引经据典又联系实际地论证了“弟子不必不如师，师不必贤于弟子，闻道有先后，术业有专攻，如是而已”。这真是教育史上振聋发聩的宣言。《师说》是韩愈对中国教育理论的一大贡献。

早在奔走求仕之时，韩愈在《上宰相书》中就说：“乐得天下之英才而教育之，此皆圣人贤士之所极言至论，古今之所宜法者也。”可见他深受孟子的影响，愿意为培育天下英才而努力。他本人又坚信“化当世莫若口”（《答张籍书》），所以对于前来求教者，都给予谆谆教导。在对学生的教导中，他反复强调勤奋学习的重要性。如《进学解》说：“业精于勤荒于嬉，行成于思毁于随。”他还重视环境对人才成长的重要性，如《爱直赠李君房》说：“左右前后皆正人也，欲其身之不正，乌可得邪？”

他在教育实践中，非常注意现身说法。当年他初为博士的时候，李翊前来求教作文的方法，他就以自己二十多年的亲身体会告诉他（见《答李翊书》）；现在，他以祭酒的身份面对学生，依然不忘和学生推心置腹。他向学生介绍自己勤奋学习的情况，说自己——

> 口不绝吟于六艺之文，手不停披于百家之编，记事者必提其要，纂言者必钩其玄；贪多务得，细大不捐，焚膏油以继晷，恒兀兀以穷年。（《进学解》）

在教学内容方面，除了按传统的科目教学之外，韩愈还有意识地引导学生注意国计民生。在他为主考官所命的策试题中，就有一道这样的题目：

> 问：人之仰而生者谷帛，谷帛丰，无饥寒之患，然后可以行之于仁义之途，措之于安平之地；此愚智所同识也。今天下谷愈多而帛愈贱、人愈困者何也？耕者不多而谷有余，蚕者不多而帛有余；有余宜足，而反不足：此其故又何也？将以救之，其说如何？（《策问》其十）

对考生这样试策，大体可以推知平时对学生也当提倡注重社会现实，关心国家大事。

在教学方法上，除了"因材施教"之外，他还注意采用灵活的方式，注意以身作则。难怪他的弟子皇甫湜说他"平居虽寝食未尝去书，怠以为枕，餐以饴口。讲评孜孜，以磨诸生，恐不完美，游以诙笑啸歌，使皆醉义忘归"（《韩文公墓志铭》）。可见他平时手不释卷，讲课也颇为生动。

韩愈在教育上如此敬业，是和他一贯的"人才观"有关的。他的人才观的核心是发现人才，作育人才。这种思想集中地表现在他写的《杂说（四）》中。这篇短文，既说人才需要伯乐（识人的热心人）去发现，又感慨“伯乐不常有”；既说马有千里之能，又感慨御马者“策之不以其道，食之不以其材，鸣之而不能通其意”。韩愈对现实中作贱人才，可说痛心疾首了。基于此，他或为贤才被遗弃而奔走呼告，或利用一切机会向有关部门推荐人才。一到自己成了国子祭酒，就充分利用手中权力，为作育人才、使人才脱颖而出尽一份力。

要之，韩愈作为唐代的教育家，也是值得史家一书的。

韩愈身为国子监祭酒，在管好国子监的同时，还把视野扩展到朝野上下、国计民生。他对朝政得失的关注仍然不减当年。忠心进谏带来祸害的经历并没有降低他关心国事的热情。

当时岭南邕州等山区“黄家贼”（当地部分少数民族武装势力）经常闹事，成为朝廷颇感棘手的问题。韩愈经过细致地了解和分析，胸有成竹地向朝廷递上《黄家贼事宜状》。他指出邕州等地“黄家贼”所以常来侵扰州县，主要原因是朝廷派往当地的经略使多不得人，“德既不能绥怀，威又不能临制”，并且常常寻衅欺凌他们，以致恨怨不浅，招来报复之事。一旦派兵征讨，将领又多是虚报战功，欺罔朝廷。长期以来，造成邕、容两州凋敝，十室九空，百姓怨嗟，如出一口。为了制止事态的恶性发展，换取和平安定的局面，他提出了三条建议：

一、在邕、容两州并为一道之后，经略使所在地宜置于邕州，使邕州兵力物力充足，易于对付隔江对岸“黄家贼”的突变；而不宜置于容州，因容州与“黄家贼”相隔甚远。

二、派往征伐之兵不宜发诸各道，因为一则他们不服水土，二则给养困难。而就近征发，则士兵既熟山川，又习水土；粮饷供给，则应改由各道负责。这样，守则有威，攻则有利。

三、在加强武力威制的情况下，宜派官吏亲往宣谕，以求和平，此后则应选有才用有威信又熟谙岭南的官吏为经略使，方能处置得当。如若征战，也应以自卫少杀为宜。

这些都是颇为中肯之论。

当时，唐朝实行“两税法”已经四十年，物贱钱重的弊病使农民日益贫困。穆宗即位想要改变这种状况，下诏百官献策，韩愈也应诏提出了自己的意见。主张赋税征收实物。这其实是一个老问题，前朝陆贽就曾反对“两税法”，但“两税法”“改收货币，既便于国，也便于民，使大家懂得使用货币的重要性，对货币的流通产生了深远的影响。这种趋势已经形成，陆贽不能改变，韩愈同样也不能改变”（陈克明《韩愈述评》第76页，中国社会科学出版社1985年版）。在这个问题上韩愈的意见虽不可取，但也可见他并非两耳不闻窗外事，而是举国大事，事事关心。

在国子祭酒任上，韩愈于公余与在京诸多好友如张彻、张籍、侯喜、李宗闵、裴度等保持着联系。当年春夏季节淫雨成灾，韩愈有《雨中寄张博士籍侯主簿喜》诗：

> 放朝还不报，半路蹋泥归。雨惯曾无节，雷频自失威。见墙生菌遍，忧麦作蛾飞。岁晚偏萧索，谁当救晋饥？

张籍有《酬韩祭酒雨中见寄》："雨中愁不出，阴黑尽通宵。屋湿惟添漏，泥深未放朝。无刍怜马瘦，少食信儿娇。闻道韩夫子，还同此寂寥。"二人都为淫雨所困，但韩愈的视界触及了农田、民生，隐然有忧民忧国之心，而张籍则为个人身家所累，与韩愈不可同日而语。

韩愈在国子祭酒任上虽然颇尽心力，但官场的人事纷争使他的心境常受困扰。有一次，在与百官到兴庆宫参拜皇太后的归途中，他写了《南内朝贺归呈同官》诗，就透露了这种隐蔽而复杂的心情：

> ……所职事无多，又不自提撕。明庭集孔鸾，曷取于凫鹥？树以松与柏，不宜间蒿藜。婉娈自媚好，几时不见挤？贪食以忘躯，鲜不调盐醯。法吏多少年，磨淬出角圭。将举汝愆尤，以为己阶梯。收身归关东，期不到死迷。

其实，这是自然而然的事。古代官场向来就充满着尔虞我诈甚至你死我活的斗争，不通世务的书呆子往往成了官场的牺牲品，这已不乏例子。韩愈于此又一次想到“收身”（归隐），但想的未必就是要做的。不久，他就从国子祭酒调任兵部侍郎。

十一　晚年风采

长庆元年（821）六月，韩愈调任兵部侍郎（正四品下）。兵部是尚书省六部之一，主管全国武官科举和全国军事武装政务的行政机构。该部长官称兵部尚书，侍郎是他的副手。

韩愈在兵部侍郎任上，做了一件令人称赞的大事，就是宣慰镇州。在此之前，他在《潮州刺史谢上表》中，对于藩镇割据局面又做了一次提示：

> 自天宝以后，政治少懈，文致未优，武克不刚，孽臣奸隶，蠹居棋处，摇毒自防，外顺内悖，父死子代，以祖以孙，如古诸侯自擅其地，不贡不朝六七十年。……

他当时身处岭南，上表的意图在于对宪宗说好听话。但其中仍流露了他对国家统一的坚定立场，对藩镇割据历史与现实的清醒认识。现在，他身任当朝要职，为统一国家大业，他将当仁不让。

当时，成德都兵马使王庭凑因不服节度使田弘正而煽动叛乱杀了田弘正及其僚属，自称留后。朝廷派深州刺史牛元翼为深冀节度使（治所在深州）讨伐王庭凑（治所在镇州），王庭凑反而重兵围困深州。朝廷派裴度为镇州行营招讨使，但军事上仍然不能制伏王庭凑。

长庆二年（822）二月，朝廷在不得已的情况下承认王庭凑为成德节度使，并派韩愈前往镇州宣慰，希望解除对牛元翼的围困。韩愈接诏，欣然前往。朝中同僚都认为韩愈此去凶多吉少，为他的安全担心。宰相元稹也对穆宗说：派韩愈去，可惜！这时穆宗也有点后悔，便补追诏令，要韩愈到时看形势定夺，不必勉强。韩愈也深知叛乱的藩镇多不可理喻，他们草菅人命，不把朝臣放在眼里。但为了维护国家的统一，维护中央政府的尊严，他将视死如归，不辱王命，慨然说：“止，君之仁；死，臣之义。安有受君命而滞留自顾！”于是疾驰而往。一路上，以王命在身，格外警醒，真恨不得马上就到镇州。在日夜兼程之中，两次写诗酬答裴度。《奉使镇州行次承天行营奉酬裴司空相公》：

窜逐三年海上归，逢公复此着征衣。旋吟佳句还鞭马，恨不身先去鸟飞。

《镇州路上谨酬裴司空相公重见寄》：

> 衔命山东抚乱师，日驰三百自嫌迟。风霜满面无人识，何处如今更有诗？

诗中除了对分别三年的旧时上司裴度表示敬慕之外，还流露了不顾仆仆风尘、一心完成使命的赤胆忠心。

这时的镇州，王庭凑严阵以待，一派杀气腾腾。韩愈早将个人安危置之度外，面对充满敌意的叛乱之兵，毫无惧色。他的凛然正气倒使做贼心虚的王庭凑先胆怯三分。王庭凑推脱责任地说：局面的纷纷扰扰，是不听话的士兵造成的。韩愈义正词严地质问说："天子以公为有将帅材，故赐以节，岂意同贼反邪！"接着，用天宝以来的乱臣贼子安禄山、史思明、李希烈、梁崇义、朱滔、朱泚、吴元济、李师道的可悲下场为例子，暗中警告王庭凑要好自为之，终于说服了王庭凑。这时，牛元翼艰难突围，王庭凑听从韩愈的劝告，不加追击。于是，化干戈为玉帛。韩愈胜利地完成了宣慰镇州、解救牛元翼的任务，凯旋回朝。穆宗听了韩愈的汇报，大喜过望，准备重用韩愈。

镇州之行，韩愈表现出大义凛然的气质和举重若轻的本领。他自己也颇高兴。《镇州初归》写道：

别来杨柳街头树，摆弄春风只欲飞。还有小园桃李在，留花不发待郎归。

一种得意的情绪，借景物加以含蓄地表现。

三月，户部侍郎张平叔上疏请以官盐代替私盐，即将盐业由私人经营变为交国家经营。他为此陈述了十八条意见。穆宗下诏公卿详议。韩愈写了《论变盐法事宜状》，逐条反驳张平叔的意见，从兼顾国家和人民的利益出发，反对食盐官卖。例如：张平叔认为，州府差人卖盐，获利可多一倍以上。韩愈反驳说：老百姓贫多富少，平时很少有用现钱买盐的。他们多半是用米谷或农家杂物来换盐，盐商从私利出发，让老百姓有物则以物换盐，无物则先赊账，待米谷收成时再还，这实在是商民两便。如果改用官商卖盐，因“利不关己，罪则加身”，就可能出现不见钱物不肯卖盐的情况，那么百姓贫者就无从得盐而食。其结果必然是“求利未得，敛怨已多”。又如：张平叔认为，乡村离州府县府较远，可以派官吏送盐下乡，使乡下百姓不至没盐吃。韩愈反驳说：乡村偏远之处，或三家五家一个居民点，其实是不可能要求官吏送盐上门的。即使强求做到，所得盈利恐怕抵不过来往的差费，况且，有的官吏到村之后，必定对村民强加勒索。结果是“所利至少，为弊甚多”。总之，张平叔的建议，由于“中书舍人韦处厚、兵部侍郎韩愈条诘之，以为不可，平叔屈服”（参见《新唐书·食货志四》），而终于未能实行。

不久，韩愈调任吏部侍郎。

吏部也是尚书省六部之一，主管中央与地方百官的任用、考察、调动、升降与奖惩。该部长官为尚书，侍郎（正四品上）是他的副手。韩愈在这个职位上的政绩不详。但有一事却值得一说。李翱《韩公行状》有一段记载：“……转吏部侍郎，凡令史皆不锁，听出入。或问公，公曰：‘人所以畏鬼者，以其不能见也。鬼如可见，则人不畏矣。选人不得见令史，故令史势重，听其出入，则势轻。’”所谓“令史”，指的是吏部的下属单位。前面说过，吏部的主要职责是选人任官与考核官吏。让候选的人与被考核的官员可以直接到各单位来接洽，可以增加工作的透明度，减少有关官吏弄权或以权谋私。韩愈此举，实在开明。

长庆三年（823），韩愈调任京兆尹兼御史大夫。京兆尹（从二品）是京城的最高长官，这是韩愈施展政治才能的好机会。他治政清明严格。六军将士中敢在京城为非作歹的，都被抓进牢狱。一时间，上下私相奔告，都说这是个想烧佛骨的人，怎惹得起！于是盗贼大减，遇旱，奸商也不敢哄抬米价。京城呈现出一派秩序安然的景象。

韩愈就任京兆尹是带着御史大夫的官衔的，穆宗还特诏免于台参。所谓“台参”是指朝官和京官遇到御史台的长官（御史大夫、御史中丞）时要主动上前参拜。这是旧时的惯例，因为御史台长官在朝廷的权威仅次于宰相。当时在御史台就职的御史中丞（正四品下，御史台的副长官）李绅在贞元十八年（802）未及第时，韩愈曾向当年主考官陆傪推荐过。现在，韩愈任京兆尹，又带着御史大夫的职衔，还有特诏免于台参，他自然对李绅不看在眼里。但李绅为人气量狭小，竟就此事指责韩愈，韩愈也不示弱。彼此文书往来，辩驳纷然。其间，又发生了“械囚”事件。事情是这样的：李绅以御史中丞身份，派人将戴着枷锁的囚徒送到京兆府，并要京兆府给予杖责。韩愈知道后并不理会，把囚徒放走。可见在处理政务上二人是不合作的。宰相李逢吉乘机以台（御史台）府（京兆府）不合为理由，把李绅调出京城，任江西观察使，韩愈亦罢尹，改任兵部侍郎。后来，经过李绅的申诉，穆宗方知这其实是李逢吉为了排斥李绅和韩愈设下的圈套。于是才了结此案，追改李绅为兵部侍郎，韩愈为吏部侍郎。韩愈知道李逢吉居中捣鬼，颇不愉快，在《奉和李相公题萧家林亭》诗中，他写道：

山公自是林园主，叹惜前贤造作时。岩洞幽深门尽锁，不因丞相几人知？

“李相公”也就是李逢吉。“萧家”指唐代八为宰相的萧氏家族。萧家的显赫已成过去，当日的园林如今已变得冷清了。李逢吉身为宰相，权倾当今，不可一世，但焉知异日不步萧家林亭的下场呢？讽刺之意十分明显。

韩愈在吏部侍郎任上直到病逝。

在晚年岁月里，他除了处理官场事务之外，在个人与亲朋故旧的交往上，还投进了不少心力。

韩愈毕竟还是一个有影响的文学家。他的交往中，诗人文友占了很大的比重。除了志同道合者外，并不志同道合者，也有些交往，如与白居易的交往。此前他曾写了《调张籍》，说过“李杜文章在，光焰万丈长。不知群儿愚，那用故谤伤。蚍蜉撼大树，可笑不自量”。那是对元稹、白居易扬杜抑李的批评（虽然并未指名道姓）。但白居易是张籍的好友，韩愈也是张籍的好友，三人曾一起游览过，韩白还有诗作酬唱，但关系并不密切。因此，韩愈出使镇州回来，兴致勃勃地与张籍作曲江春游时，邀请白居易同游，白居易以不感兴趣而拒绝了。二人的诗文风格不同，文学观也有些相左，可能也是造成关系不密切的原因。

而与张籍就不同，两人既是文友，又是知交。张籍后来追忆两人平生的交往，写道：“出则连辔驰，寝则对榻床。搜穷古今书，事事相酌量。有花必同寻，有月必同望。为文先见草，酿熟偕共觞。

新果及异鲑，无不相待尝。到今三十年，曾不少异更。”（《祭退之》）可见二人非一般交往。当时张籍任水部员外郎，与韩愈同在京城，于是有诗频频酬赠。如《早春呈水部张十八员外二首》之二：

莫道官忙身老大，即无年少逐春心。凭君先到江头看，柳色如今深未深？

一种赞美春色、热爱生活的感情，深藏其中，令人读之深受感动。

对于亡友柳宗元，韩愈始终记挂在心。柳州人民建庙纪念柳宗元，韩愈应邀为之作《柳州罗池庙碑》，带着崇敬的笔调叙述柳宗元在柳州的政绩，表现了对于清明政治的向往之情。

这一年，好友樊宗师逝世。对于樊宗师，韩愈曾多次为之举荐。元和九年（814），孟郊逝世，韩愈向郑余庆举荐樊宗师去料理丧事，称赞他办事如己；后来又向宰相袁滋推荐他，说他为人“孝友聪明”，“穷究经史，章通句解，至于阴阳、军法、声律，悉皆研极原本。又善为文章，词句刻深，独追古作者为徒，不顾世俗轻重，通微晓事，可与晤语。又习于吏职，识时知变，非如儒生文士止有偏长”。对于这样一位朋友的去世，韩愈深觉悲哀，为之作《南阳樊绍述墓志铭》，记述他的宦历与经学、文学业绩，赞扬他的文章“文从字顺”，可供效法。

韩愈毕竟是官场中人，与许多官员有过深浅不同的交往。他能不忘旧情，履行道义。如在平淮西中起重要作用的韩弘，于长庆二年（822）逝世，韩愈就为之作神道碑铭，历述韩弘一生功绩，被后人认为可为韩弘一生定论。平淮西的副帅马总与韩愈在平乱中结下了深厚的友谊。后来马总在郓州刺史任上“治成制定”，“仁行于色”，做出了成绩，长庆二年升任户部尚书。临走筑“溪堂”“以飨士大夫，通上下之志”，韩愈为之作诗作序，多所赞美。

裴度，是韩愈曾经衷心赞美过的宰相。此时，却因遭受同僚的打击而萌发退隐的念头。他将韩愈当知己，写诗透露了这种想法（诗已佚）。韩愈作《奉和仆射裴相公感恩言志》，再次称赞他的文韬武略，对其功成身退的想法表示理解：

文武成功后，居为百辟师。林园穷胜事，钟鼓乐清时。摆落遗高论，雕镌出小诗。自然无不可，范蠡尔其谁？

又有《和仆射相公朝回见寄》诗：

尽瘁年将久，公今始暂闲。事随忧共减，诗与酒俱还。放意机衡外，收身矢石间。秋台风日迥，正好看前山。

从诗篇看出，韩愈是非常了解裴度的处境与胸襟的。作为官场知己，韩愈给予裴度的是理解、同情与慰藉。

严谟，原是在朝的秘书监，长庆二年任命为桂管观察使。一般官员没有到过岭南的，都把到岭南任官视为畏途。而韩愈一生两度远贬岭南，不说对岭南已经产生感情，起码是对岭南已不觉得恐惧。所以他为严谟写的送行诗就充满着乐观的情调：

> 苍苍森八桂，兹地在湘南。江作青罗带，山如碧玉篸。户多输翠羽，家自种黄甘。远胜登仙去，飞鸾不暇骖。（《送桂林严大夫》）

显然，在韩愈看来，岭南不再是“夷面鸟言”者的“穷处”。在岭南的粤西，还有美不胜收的桂林山水呢。虽然他并未到过桂林，但他在赴潮州的行途和到了潮州之后从别人那里了解到的情况，足以使他写出对桂林充满好感的诗句来。“江作青罗带，山如碧玉篸”被认为是“不到粤西，不知对句之妙”的佳句。

窦牟，是韩愈少年时代视为师长的官员，以七十四岁的高龄于长庆二年逝世，韩愈为之写了祭文，又为之作墓志铭曰：“愈少公十九岁，以童子得见，于今四十年。始以师视公，而终以兄事焉。公待我一以朋友，不以幼壮先后致异。公可谓笃厚文行君子矣。”此乃肺腑之言。

王仲舒，是韩愈贬谪阳山时认识的官员。当时他是连州司户，韩愈曾应邀到连州做客，为其所筑宴喜亭作记。后来他任江南西道观察使，韩愈从贬地潮州量移袁州，又应邀到洪州做客，为之作《新修滕王阁记》。长庆三年王仲舒逝世，韩愈为之作墓志铭，又为之作神道碑。称赞他为官勤政清廉，宽以待民。还特别将他禁止在自己辖区之内造佛老之塑像这一点写进墓铭之中。这不仅表现韩愈对朋友的厚道一面，还表现他到晚年依然在攘斥佛老。

韩愈的世系亲属并不太多。但也总有许多亲情萦绕着他，从中可以看到他晚年感情世界的一个侧面。

作为人父，他常常为自己获罪被贬连累亲人而内疚。使他终生伤怀的是当他谏迎佛骨而被贬谪潮州之时，年仅十二岁的女儿韩挐随行南下，一路辛劳而死，草草葬于商南层峰驿。后来量移袁州再调入京城，路过其墓曾有十分伤感的题诗。长庆三年十月四日，韩愈将韩挐的尸骨起出，于十一月十一日迁葬于家乡韩氏墓旁，并写了《女挐圹铭》，了却了为父的一桩沉重心事。

张彻是韩愈的侄女婿。长庆元年（821）官任范阳府监察御史，遇幽州军乱，被乱军拘禁。他大义凛然，大骂乱军，告诫他们不可步吴元济、李师道（均因叛乱而被斩首）的后尘，最后被乱军杀害。尸体还是后来由朋友想办法打通关节才弄回家的。他为官清廉，家贫无以为葬。穆宗下诏“赐钱物以葬”。韩愈为之写了墓志铭，既表达了对他的亲情之痛，又表达了对他的忠贞节义的崇敬。

长庆四年（824），韩愈五十七岁，由于身体不好，在京期间已较少过问政事。但人老而志不衰。他写了《枯树》诗，托物言志：

老树无枝叶，风霜不复侵。腹穿人可过，皮剥蚁还寻。寄托惟朝菌，依投绝暮禽。犹堪持改火，未肯但空心。

夏天，因重病告假，在新置的城南别墅里休养。这时，他一生最要好的朋友张籍正好官休，就来陪他。老友相陪，自有无限乐趣。除了张籍之外，贾岛也不时来陪伴他。他们有时泛舟于终南山下小溪之中，彼此获得从未有过的愉快。韩愈有《南溪始泛三首》描写了这种生活与感受。其二：

南溪亦清驶，而无楫与舟。山农惊见之，随我观不休。不惟儿童辈，或有杖白头。馈我笼中瓜，劝我此淹留。我云以病归，此已颇自由。幸有用余俸，置居在西畴。囷仓米谷满，未有旦夕忧。上去无得得，下来亦悠悠。但恐烦里闾，时有缓急投。愿为同社人，鸡豚燕春秋。

从内容看，韩愈已经不复有官场纷争之困扰，他要用有限的生命去体会人生的真正乐趣。在他的诗中，第一次出现了“山农”的形象，第一次描写了自己与“山农”的交往，第一次感受到纯朴的“山农”对他的热情关怀，并第一次说自己愿意与“山农”同庄一起参加祭祀社神的宴会。这在体会过官场况味的后人看来，实堪羡慕。后来的姚合有诗《和前吏部韩侍郎夜泛南溪》云：“辞得官来疾渐平，世间难有此高情。新秋月满南溪里，引客乘船处处行。”正道出了个中滋味。从风格来说，此时韩诗不再有以前那种奇险排奡的气势，而现出朴素与纯厚。

不久，张籍被任命为水部郎中，不能长时间陪伴韩愈消闲，写了《同韩侍郎南溪夜赏》诗云：“喜作闲人得出城，南溪两月逐君行。忽闻新命须归去，一夜船中语到明。”可见二人交谊之深。

由于病情加剧，韩愈不得不回居城中，并辞去官职。十二月二日病卒于靖安里。临终前，情绪相当冷静，一直陪侍在旁的张籍，后来写的《祭退之》说：“公有旷达识，生死为一纲。及当临终晨，意色亦不荒。”临终嘱家人按儒家礼俗办理丧事，而不得采用佛教那一套做法，再一次表明了拒佛、辟佛的立场。

长庆五年（825）三月，家人葬韩愈于河南河阳先人墓地。朝廷赠予礼部尚书，谥号文，世称为韩文公，又称为韩吏部。他的诗文由门人李汉编成文集。

十二　韩愈其人

以上我们以动态形式评述了韩愈的一生经历。韩愈毕竟是一千多年前的人物，由于资料的限制，他的生动的人生历程已经难以详述。但透过他的诗文和有关的文献资料，还是可以看到韩愈的全人形象的。因此，在大体了解韩愈生平经历之后，用“定格”的方式，为他画像，应该是一件有意义的事。

韩愈自小接受儒家思想的熏陶，当他走上社会独立谋生的时候，他有明确的人生目的，这就是儒家经典所教给后人的修身、齐家、治国、平天下。也就是读书做官，治家治国。这是儒家入世的人生观，是儒家信仰者有所作为的心态。这也是中国古代许多知识分子步入社会之时的共同愿望。当然，把这种愿望具体化的话，就有各种不同的具体目标。李白的目标是做一人之下、万人之上的宰相，使国家在他的辅助治理之下，清平、统一、强大。韩愈并没有这么高的要求。他曾有朦胧的理想：“念昔始读书，志欲干霸王。”（《岳阳楼别窦司直》）但一步入应举求官之途，就知道“干霸王”并非易事，于是他有比较切实的想法。他说：

> 方今天下风俗尚有未及于古者，边境尚有被甲执兵者，主上不得怡而宰相以为忧。仆虽不贤，亦且潜究其得失，致之乎吾相，荐之乎吾君，上希卿大夫之位，下犹取一障而乘之；若都不可得，犹将耕于宽闲之野，钓于寂寞之滨，求国家之遗事，考贤人哲士之终始，作唐之一经，垂之于无穷，诛奸谀于既死，发潜德之幽光：二者将必有一可。（《答崔立之书》）

可见，他只想求得一官半职而已，不得已的话，就做个史家，为当代立史，以体现自己的价值。也就是说，立德、立功、立言必居其一。用现在的话说，就是力求从政，不行，就从文。从政固然是入世有所为，从文也是有所为。韩愈就为这样的人生目标而奋斗终生。尽管当他受到挫折的时候，常常发牢骚说要退隐山林，但都不过是一时激愤，说说而已。正如他说的：“山林者，士之所独善而不忧天下者之所能安也。如有忧天下之心，则不能矣。”韩愈一生忧国忧民忧天下，因此不可能真正退隐山林。这就决定了他一辈子要在仕途上走下去。即使是暂时的退出，也是一种策略而已。例如他屡试不第之后，被迫离开长安时，怕朋友误会他不能自强不息，还写信向侯继说明：“吾之退未始不为进，而众人之进未始不为退也。”(《答侯继书》)后来的事实证明，韩愈在不断地进取。

韩愈就是以这样的心理状态步入社会的。美国著名的心理学家马斯洛认为人类的需要有从低到高的五个层次：生理的需要，安全的需要，爱的需要，尊重的需要，自我实现的需要。韩愈出身官僚世家，即使在应举求官的过程中，有时生活拮据，但也不至于温饱无着。有了这一人生最基本的生存条件做基础，他对实现自身价值的追求也就少了许多后顾之忧了。

韩愈不仅有明确的人生目标，而且他自认有能力、有本事可以实现自己的人生目标。尽管他有时也谦虚地说自己在学问的某些方面还有欠缺，但就总的方面看，他是自视甚高的。他认为自己饱读经书，品行端正，能“扶树教道”，写不俗的文章。他多次把自己比作千里马、麒麟、“变化风雨上下于天”的不同于常鳞凡介的“怪物”。他在政治上、思想学术上、诗文写作上都有独特的见解，认为可以在这些方面有所作为。

政治上，韩愈有颇清醒的头脑，看到了当时藩镇割据对国家的危害，一再认为当权者要采取果断的措施，制止这种分裂国家、损害中央的行为，而不能姑息养奸。他认为山村和都市的居民都懂得防备猛兽的为害和窃贼的偷盗，而当政者对通都大邑的藩镇割据却不加戒备，这实在过于麻痹大意。(《守戒》)韩愈这种政治见解贯串他的一生，不因自己政治遭际好坏而改变。哪怕他身处岭海，是个“臣罪当诛”的谪臣，也清醒地看到：自天宝以来，藩镇割据“如古诸侯自擅其地，不贡不朝六七十年”，希望当朝皇帝能借有利的时机重建大一统的功业。除了这种维护国家统一的坚定立场之外，韩愈主张国家有序，政治清明，士农工商，各司其业；反对当政昏庸，不恤民瘼，官吏为非作歹，士民不务正业。

思想学术上，韩愈自认为是儒学传统的继承人。他要担当起“行道”“为书”“化今”“传后”的历史使命。他认为佛、老思想的泛滥不仅是对儒学正统的挑战，而且是对当朝政治、经济的严重冲击。在他看来，僧徒道士崇尚无父无君，不讲社会人伦，是不负社会责任的一群，他们不事生产劳动而占有社会财富是社会的累赘。这就把思想学术上的问题同现实政治联系了起来。他认为自己有资格有本领为青年学者指点迷津，成为他们的师长；又认为自己有历史眼光，能按儒家思想传统来评价历史。

在诗文写作上，韩愈深刻地接受前人的影响，又敏锐地觉察到当时文坛上的不良习惯：骈文一统天下，陈陈相因，毫无创造性。而诗歌创作则未能走出盛唐之后的低谷，诗风纤弱，不足为法。他自己有长期的读书写作训练，已经能够得心应手地运用

“古文”这种工具写出令人称赞的文章，他坚信用古文写作将有利于文章的实用和文学的发展。他又尝试在李白和杜甫之外，另辟蹊径，相信自己有能力写出不同凡响的诗歌作品。这就是韩愈作为当时“人”的基本素质。应该说，韩愈这样的素质是不错的，他有理由也有较好的条件步入社会施展自己的才干，努力实现自己的理想。

但是君主专制社会这种窒息民主自由的政体，专制主义这张束缚人才的巨大的网，却妨碍了一切有才能的人的发展。韩愈也没有特殊的办法可以逾越这道障碍。他从十九岁开始赴京应举，直到二十八岁，十年之间，“四举于礼部乃一得，三选于吏部卒无成”。结果不得已而悻悻离京，到汴州去当节度使董晋的幕僚。他不像有的士人那样，经不起多次下第的挫折，愤而隐居，当个布衣文人；也不愿再为莫测深浅的应考而蹉跎岁月，继续在京当举子。这是因为他懂得要施展自己的抱负，实现自己的人生价值，就必须在官场有个位置。而且，要尽早获得这种位置。而一旦获得这个位置之后，他就一方面为政敬业，一方面设法抓住一切机会，改善自己的处境，使自己的官职从不重要进到比较重要，从低级进到高级。这是中国古代社会“官本位”社会结构的现实使一般知识分子形成的顽强的意识。韩愈在这种意识指导下所经历的过程，是一个坎坷跋涉的过程，有喜悦，有悲哀，有笑，有泪。

这个过程构成了韩愈的人生历程。

韩愈认为：“所谓时者，固在上位者之为耳，非天之所为也。”（《上宰相书》第二书）即是说，机会不是靠命运安排，而是由上位者掌握着。因此，他在应举的几年中，为了求得及第任官，一再对当权者进行干谒。所写的信，除了推销自己之外，就是对上官的逢迎歌颂。后人有的不能体谅韩愈当时的苦衷，责备韩愈违心媚上。这当然是韩愈为人的庸俗一面，但这并不是不可以原谅的。试想，连李白这样不肯摧眉折腰事权贵的大诗人，为了做官，也写过《与韩荆州书》，违心地说“生不用封万户侯，但愿一识韩荆州”，说韩朝宗“制作侔神明，德行动天地，笔参造化，学究天人”，说尽好话。韩愈没有李白殷实的经济实力，也没有李白那么清高，为了生活，为了进一步的发展，这样做是必要的策略。

严格地说，韩愈三十五岁初为博士，才算进入官场。他一踏入官场，就想有所作为。在此后的二十多年中，他宦海浮沉，身不由己：御史台为民请命，上《论天旱人饥状》，得罪当朝，被贬阳山；任史馆修撰，撰写了《顺宗实录》，显露了可贵的史才；力主武力平定藩镇叛乱，并从征淮西，奏凯而归，晋升为刑部侍郎；为国上疏，谏迎佛骨，得罪宪宗，重贬潮州；谪后复起，宣慰镇州；……

除了几次大起大落之外，韩愈对于当朝大事，只要有机会参与，有机会表态，他都抓住不放。如朝廷宗庙祭祀的制度，葬服的礼仪，国家的货币税收，盐业的国营或私营，处置边远少数民族问题，平定淮西叛乱的方略……对此类大事，韩愈的见解大多可取，说明他具有较高的政务决策的能力。

在这方面，值得一说的还有韩愈对当朝的特大事件“永贞革新”的态度。从历史的角度看，“永贞革新”是进步的政治改革运动。当革新派正处在筹划改革的时候，韩愈对有关的信息一无所知，虽然他当时正与革新派重要人物柳宗元、刘禹锡同在御史台任职。可见他是革新派的圈外人物。当革新派上台，雷厉风行实行改革的时候，韩愈却因被贬阳山而未能直接面对有关的局面，甚至有关的详细情况也因身处边远之地而不甚了解。由于“永贞革新”的时间很短，等到他了解之时，“革新”已经失败，革新派也被排斥、贬谪。他因宪宗即位而获赦，一时也只能跟着宪宗及其追随者的口吻说一些批评革新派的话了。作为贬谪之人，他对此事的态度以最高统治者的态度为转移，这是可以理解的。当然，本来他也可以不说话，但他大概以为这是表现政见的好机会，不可放过，因此积极地一说再说。这是韩愈一生中不光彩的行状。好在后来他撰写《顺宗实录》时，有比较冷静、清醒的头脑，在《顺宗实录》中，对“永贞革新”的政治态度基本是正确的。《顺宗实录》完成于元和十年（815），而作于元和十五年的《柳子厚墓志铭》，对柳宗元参加“永贞革新”他又颇不以为然，说他“不自贵重顾藉，谓功业可立就，故坐废退”。言下之意，柳宗元参加“永贞革新”的活动，是并不妥当的。这又表现了韩愈的保守立场。可以说，在对待“永贞革新”这件大事上，韩愈的态度是比较复杂、也有反复的。

一到亲临政务，他还是颇有政绩可言的。在河南惩办恶吏；在潮州兴办州学；在袁州释放奴隶；在吏部，增加吏治透明度，抑制官吏弄权；在京兆尹任上，严惩扰民军士，制止奸商哄抬物价；……

韩愈在应举求官和为官的长年累月中，一有机会就宣传儒学，抨击佛老。他认为“化当世莫若口，传来世莫若书”。他很善辩，常常因为要捍卫儒学而与人争论不休，不让于人；他虽然说不想马上写书，怕自己还不成熟，但实际上他的有关文章已经写了不少。“五原”是重要的哲学论文，大量的书信、赠序、碑铭中也或明或暗地表达自己崇儒辟佛的观点。在这个问题上，他的作为已经越过了“思想”这个界限，而与现实政治结合了起来，因而在强大的对立权势面前，他几乎连性命也保不住。但这并不动摇他坚定的崇儒辟佛的决心。他与佛僧的交往，也不放过可以宣传儒学的机会，甚至一有可能，就想办法促使当事人还俗，贾岛被劝还俗就是一例。

韩愈自认为是儒学道统的继承人，但他对儒学的论述，则只具大体而已，未及精微；他用心捍卫儒学，但并非纯儒。他的思想中，也接受了儒家以外的思想成分，对于墨家、法家、道家，甚至是灾异符命的思想，他并非一概否定。其褒贬的原则大体上视现实政治的需要。这使他不至于成为不通实务的愚儒，这是韩愈作为现实的“士”的高明之处。但这一点，后儒对他颇多微词。他的世界观中，既有唯物成分，也有唯心因素；他的方法论中，既有辩证法，也有形而上学的东西。

韩愈在宣传儒学的过程中，在担任博士教职时接触了许多青年学生，接收了一些及门弟子，他自觉不自觉地成为当时年轻人的老师，成为向他求教的同辈人的导师。他在《答李翊书》中说：“君子……处心有道，行己有方；用则施诸人，舍则传诸其徒，垂之文而为后世法。”《重答李翊书》又说：“君子之于人，无不欲其入于善，宁有不可告而告之，孰有可进而不进也？言辞之不酬，礼貌之不答，虽孔子不得行于互乡，宜乎余之不为也。”他就是在这样的指导思想下，热情地做青年学生的导师。他四莅国子监，其中三次为博士（教授），约五年时间，一次为祭酒（校长），半年多时间。他兢兢业业，为人师表，因材施教，甚得学生欢迎；他革除旧例，树立新风，带动了一批学子勤奋为学。在校门之外，他也招收后学，诚恳地传授自己的为学为文的经验。

他的寓所经常是高朋满座、后辈济济。他因此而被人诋毁为“狂人”。但他不怕这些干扰，依然“抗颜为师”，作《师说》，表明自己的教育观。历史的需要玉成韩愈为教育家。

韩愈曾任史官，接受编写《顺宗实录》的任务；不任史官时，也曾因文才显著而领旨撰写《平淮西碑》。此外，他还有意识地为当朝一些名臣作传。在这些方面，韩愈虽然曾经有过怕罹祸的心态，但实践中他还是表现了忠于历史的胆识和魄力。他的史作不多，但却经得起历史的检验。王建曾作诗赞扬说他“碑文合遣贞魂谢，史笔应令媚骨羞”（《寄上韩愈侍郎》）。

政治家、思想家、教育家，这些头衔加在韩愈身上是完全合适的。但韩愈的各项事业中，最有成就的是文学事业。因此，韩愈的最恰切的定位是文学家。他认清了当时的文坛现状，明确地提出写作“古文”的主张，并以大量的创作实践来抵制流行的骈文。他的理论和实践得到一批文人的拥护，形成了影响颇大的古文流派。他还主张写诗不依傍前人，贵在独创。他热心写作雄奇险怪的诗歌，并有意识地团结了一批诗人，形成了以他和孟郊为主的韩孟诗派（或叫奇险诗派）。

以上说的是韩愈的思想、才干和事业。以下再说说韩愈的家庭关系、社会关系等方面的情况。

韩愈的家庭关系比较简单。他完全依照儒家的规范来处理大家庭的关系。他三岁而孤，对于寡嫂的抚养之恩，终生铭记在心。他以寡嫂为榜样，尽力抚养和照顾诸多孤侄，为他们的婚嫁操心。父兄辈对他的思想和学问有一定的影响，而他的思想和学问又影响下一代。他教导儿子要勤奋读《诗》《书》，说孩提之时两人差不多，到了长大之后，则相去甚远，一龙一猪，“一为马前卒，鞭背生虫蛆。一为公与相，潭潭府中居。问之何因尔，学与不学欤！”(《符读书城南》)他还以自己“辛勤三十年，以有此屋庐”的经历体会，谆谆启发自己的儿子要慎于交友。侄孙韩湘（即爽）登第为官，韩愈甚感慰藉，虽然他也告诫说，在官场有时是受罪，但就世俗而言，“人生但如此，其实亦可怜”（《示爽》）。有人曾责备韩愈，说这是庸俗的人生观。其实，这是古代社会最一般的士大夫的人生道路，也是古代社会里一般士大夫对子女的基本要求。

韩愈在处理家庭关系方面，表现出浓厚的人情味。早年一起长大的侄儿老成的早逝，使他唏嘘不已，在万分悲痛的情况下，他写下了千古名文《祭十二郎文》。当他在御史台被贬阳山县，顷刻即须离家上道之时，想到卧病在床的妹妹，他顾不得面子，“悲啼乞就别”。他谏迎佛骨，“忠犯人主之怒”，被贬潮州之时，来不及携带家人同行，家人随后赶上，第四女因一路劳顿病逝，他不得已草草葬于路旁，到了量移袁州，再调回京城路过坟茔，他的悲愤再也抑制不住了，写了十分伤感的律诗。晚年生活安定之后，他再将女儿的坟迁到老家祖坟，并一再作文，对于自己为父不能给女儿带来幸福，反而连累了女儿，深感内疚。

韩愈的社会关系比较复杂。他交往的对象大体有师长、官员、朋友几类。对各种人际关系，他有的处理得好，有的处理得不太好。

有关韩愈和师长交往的资料不多。据《旧唐书》本传载："大历、贞元之间，文学……独孤及、梁肃最称渊奥，儒林推重。愈从其徒游，锐意钻仰，欲自振于一代。"《唐摭言》（卷七）也记载韩愈曾和李绛、李元宾、崔群等经常拜访梁肃，以梁肃为师。梁肃在接见他们时曾赞赏他们的文章，使他们得到精神上的鼓励。后来韩愈进士及第，知道是梁肃从中推荐，由此对梁肃更加崇敬。韩愈少年在宣城时，曾师事窦牟，四十年后窦牟逝世，韩愈作为文坛上的知名人物，为恩师写墓志铭和祭文，动情地说"我敬其人，我怀其德"。

韩愈和官员、朋友交往的资料甚多。《示儿》中写到他为刑部侍郎时，家中常常高朋满座的情况：来客无非是大官，他们都穿着整齐的官服，在一起谈论唐尧虞舜升平盛世的往事，而酒足饭饱之后，他们也以博棋相娱。而过从最多的是谁呢？是张籍和樊宗师，几个人在一起考论儒学，评议精粗。除此之外，好学的年轻人也常常来访，以求释疑解难。

与官员交往，这在韩愈来说是不可避免的。应举求官之时，他要向当权者干谒，有时还不得不违心地强忍怒气，歌颂对方。任官之后，他要顺上理下，有时也颇费心机。他曾有很开明的上司，如裴度，韩愈敬之如师长；有颇宽容的上司，如郑余庆，韩愈也颇尊敬。当然，也有很刁钻的平级同僚，这从他所写的《释言》一文可知他曾受到同僚的诽谤和排挤。他于此也颇耿耿于怀。晚年任京兆尹时，与李绅关于“台参”与否的争执，结果两败俱伤，既反映了官场的腐朽恶习，也见出韩愈有时也不善于处理人际关系。

在韩愈的社会交往中，最值得一说的是与朋友的关系。

韩愈一生交了多少朋友？这不易有精确的答案。他在徐州当幕僚时，给好朋友崔群的信中说：“仆自少至今，从事于往还朋友间一十七年矣！日月不为不久，所与交往相识者千百人，非不多；其相与如骨肉兄弟者亦且不少。”（《与崔群书》）由此可见，他的朋友群是很可观的。

他有许多当官的朋友，韩愈与他们的关系不是简单的官员之间的关系。韩愈把他们当作志同道合的执友，他们彼此可以倾心论道，评论时政，互诉衷情。他们或同赴贬途，或远隔一方，或促膝谈心，或投书寄意。张署，是他初为朝官的同伴，也是他初次被贬结伴同行的“难友”，他们情如手足。崔立之、冯宿，是韩愈在官场的知交，韩愈写给他们的信件可以毫无遮拦地畅谈。孟郊和张籍，是他应举和初进官场结识的文友，两人几乎终生潦倒，韩愈给予他们无限的同情和关怀，三人建立了极其深厚的友谊，韩愈为孟郊的丧事费心经营，张籍在韩愈晚年病逝之前给了韩愈精神上极大的安慰。柳宗元，是韩愈倡导写作古文的文友。他们之间的友情主要是在两人被贬之后建立起来的。他们各有才学，互相敬慕，在为师、为史、为文等方面彼此互相支持、互为捍卫，既是文友，又是诤友。柳宗元逝世后，韩愈毅然领养了他的遗孤。韩张、韩孟、韩柳的交往是文坛上的美谈。此外，还有李观、欧阳詹、李翱、皇甫湜、刘禹锡、樊宗师、张彻、卢仝、刘叉等，都说得上是韩愈的平辈好朋友。

韩愈的青年朋友也不少。除了国子监的学生之外，慕名而来求教的外地学生也在与韩愈的相处中建立了友谊。韩愈对他们总是热情殷殷，平等相待，因材施教，因而给他们留下了颇好的印象。有时，为了他们，韩愈不怕得罪当权者，例如为李贺应举被阻而鸣不平，写了《讳辩》。

韩愈反对佛老，但并不反对与佛徒和道士交朋友。对佛徒和道士，韩愈有不同的交往态度。有些佛徒和道士，对于佛道之理迷信不深，又颇聪颖通达，甚至比某些在朝官员还关心国家大事。

对于这样的佛徒和道士，韩愈晓之以儒家之理，语重心长地希望他们还俗，或表达了某种赞赏的态度。对贾岛、文畅师和张道士就是这样以朋友相待。而有些佛徒和道士，在韩愈看来，似乎无可救药，谈不上交朋友。

从以上可知，韩愈的一生积极求仕，终生为此奔波劳碌，在他身上保留着中国古代社会知识分子的可贵品质，也存在着不可避免的缺陷。作为历史人物，韩愈留给后人许多宝贵的精神遗产。

以上就是韩愈其人的大略形象。

十三　古文主张

韩愈按照儒家入世的要求，一生为了立德、立功、立言而孜孜不倦，死而后已。其具体的体现便是为官为文，兢兢业业。为官止于吏部，为文留下了震烁古今的文集。盖棺而论定，谥号为“文”，不无道理。苏轼为此给予高度的评价曰：“文起八代之衰。”（《韩文公庙碑》）清人刘熙载解释并引申说：“八代之衰，其文内竭而外侈”，而韩愈之文，“在当时真为补虚消肿良剂”（《艺概·文概》）。为了更好地理解韩文的真正价值，让我们对有关的文坛背景做一简单的鸟瞰。

我国古代文体的分类一直比较笼统。《文心雕龙·总术》说：“今之常言，有文有笔，以为无韵者笔也，有韵者文也。”所谓“无韵者笔”，也就是“散文”，“有韵者文”，也就是“韵文”。“散文”在先秦即包括诸子及历史著作，在汉代即包括司马迁等的历史著作和贾谊等的政论文章。“韵文”在先秦则指《诗经》《楚辞》等，在汉代则指诗歌和汉赋。但从汉末开始，出现了吸取散文和韵文特点而写成的新文体，它既有散文的清晰条理与严谨结构，又有韵文的音韵协调和谐，同时，句子的字数一般是四字句和六字句，通篇讲究用典和采用华丽的辞藻。而最具特征性的是：它不同于以前“散文”的散句单行，而必须以偶句为表达单位，即用两两相对的句式来表达一个意思。这种新的文体被称为“骈文”。与以前的“韵文”相比，骈文在表达事物范围方面显然更为宽泛了，它甚至可以用来作为公务应用文的形式；与以前的“散文”相比，骈文在声韵铿锵、整齐匀称、文采鲜艳方面又颇有胜场。正因此，它经曹操父子的提倡与实践，便来势颇猛，成了文坛与官场习用的书面表达体式。在南北朝时期，发展到登峰造极的地步。其中一些优秀之作，还产生过良好的影响。但是，由于骈文在形式上的诸多拘束，便产生了“内竭而外侈”，即内容空虚而形式浮华的弊病，自然也就引起一些非议。

据文献资料载，最早提出改变骈文文体的是西魏文帝时的宇文泰。他觉得当时“文章竞为浮华，遂成风俗”，于是“欲革其弊”，命令苏绰起草祭庙大诰，奏准颁行，并规定“自是之后，文笔皆依此体”（《周书·苏绰传》）。但苏绰的“大诰”，效法的是《尚书》的典诰，不仅文采稍逊，而且文字过于简古艰深。虽然用了行政命令要它代替骈文，但实践中却行不通。骈文依然我行我素，风靡于世。

到了隋代，隋文帝杨坚有感于骈文的浮华不实，曾“普诏天下”，要求“公私文翰，并宜实录”。开皇四年(584)，还将上奏文表华艳的泗州刺史司马幼之付之有司治罪。当时在朝大臣李谔面对骈文一统天下的局面，向文帝上书曰：

……魏之三祖，更尚文词，忽君人之大道，好雕虫之小艺。下之从上，有同影响，竞骋文华，遂成风俗。江左齐梁，其弊弥甚，贵贱贤愚，唯务吟咏。遂复遗理存异，寻虚逐微，竞一韵之奇，争一字之巧。连篇累牍，不出月露之形，积案盈箱，唯是风云之状。世俗以此相高，朝廷据兹擢士。……故文笔日繁，其政日乱，良由弃大圣之轨模，构无用以为用也。损本逐末，流遍华壤，递相师祖，久而愈扇。……

文帝接受李谔的意见，下令革新文体。但未及检验效果，就已朝代更替。

唐初高祖、太宗及其臣僚，“沿江左余风，缔句绘章”，不论公务文书，抑或私人信件，皆习惯使用骈文。虽然也有名篇问世，但毕竟是凤毛麟角。当时的文坛现状，正如杨炯所说是“骨气都尽，刚健不闻”(《王勃集序》)，连诗坛“四杰”的文章也深受齐梁骈文文风的影响。稍后的陈子昂举起了诗文革新的旗帜，用汉代散文形式来写批评时政和文坛现状的文章，指出“文章道弊五百年。……齐梁间诗，彩丽竞繁，而兴寄都绝”，提倡“汉魏风骨”“正始之音”。虽然他的建树主要是在诗歌方面，但他的理论对于文章写作不能说没有影响。可以说，陈子昂是唐代第一个用“古文”来抵制骈文而又取得实绩的作家。但骈文的势力依然非常强大，初盛唐之交的号称“燕许大手笔”的张说和苏颋，尽管颇多务实平易之作，也仍然以骈文面目出现。直到中唐元结、独孤及、梁肃等人，以说理清晰、行文简明的古文与骈文相抗衡，也动摇不了骈文的权威地位。韩愈应举及第的主考官陆贽就是写作骈文的高手，与韩愈同时代的元稹、白居易同为在朝“制诰”，他们所采用的也是骈文形式。至于一般文人所崇尚的形式是什么呢？我们可以从韩愈说的一段话中找到答案。韩愈作于贞元十三年（797）的《与冯宿论文书》云：

> 仆为文久，每自测意中以为好，则人必以为恶矣：小称意人亦小怪之，大称意即人必大怪之也。时时应事作俗下文字，下笔令人惭；及示人，则人以为好矣：小惭者亦蒙谓之小好，大惭者即必以为大好矣，不知古文直何用于今世也。……

可见在一般文人眼中，俗下文字（即骈文）还是吃香的。韩愈有意背时而写作“古文”则被以为恶，而曲意写作骈文则被以为好。这说明骈文这种形式不仅为官员所当然使用，而且一般文人也已经熟习，乐于采用。要取而代之，谈何容易！

（一）“古文”明道，不平则鸣

尽管唐代众人沉醉于骈文之中而不觉其弊，但是历史是无情的，后来人站在历史的高度就直截了当地指出，自东汉以来，道丧文弊，历经八代。唐人正面对这道丧文弊的现实，已经出现过一些有识之士，为变革文风而努力。但效果并不令人满意。从小就接受着儒家正统教育的韩愈，要在这个特定的历史时期中实现自己的人生价值，理所当然地必须加入到这个起衰救弊的行列中来。个人无法选择历史，历史却规范着个人的社会角色。

韩愈面对唐代佛教和道教盛行、儒学倾颓的现实，不遗余力地写文章宣扬儒学，揭露异端，力求“障百川而东之，回狂澜于既倒”（《进学解》）。这其中有两点是非常突出的：一是韩愈有志于熟悉、通晓古道，一是自觉地学习记载古道的文辞，并以其范式为自己作文的榜样。他曾多次提及：

愈之志在古道，又甚好其言辞。(《答陈生书》)

愈之所志于古者，不惟其辞之好，好其道焉尔。(《答李秀才书》)

君子居其位，则思死其官；未得位，则思修其辞以明其道：我将以明道也。(《争臣论》)

愈之为古文，岂独取其句读不类于今者邪？思古人而不得见，学古道则欲兼通其辞，通其辞者，本志乎古道者也。(《题欧阳生哀辞后》)

可以说，对于古道与古文二者，韩愈一开始就自觉地联系在一起，先是学古道的同时，自觉地学古文范式，后来便自觉地用古文这种文章样式宣传古道。所谓“古道”，他有明确的解释，指的是正统的儒家之道，从尧、舜、禹、汤、文、武、周公传至孔子、孟子。宣传“古道”，是为了攘斥佛老，挽救衰颓的世风。这一点，他本人自认为用力甚勤，贡献不小，而宋儒则认为他对儒学其实并未精通，在捍卫儒学方面成绩平平而已。而所谓“古文”，指的是儒家经典著作中的文辞，也即上文所说的在骈文出现之前与韵文并存的散文样式。

这里有三个问题必须弄清楚：一是韩愈在力倡古文的同时，是否公开排斥骈文？二是韩愈力倡古文，是否形成了一个“古文运动”？三是韩愈所提倡的“古文”与文学有什么关系？

关于第一个问题，韩愈自己有明确的回答。《答刘正夫书》中有这样的问答：

> 有来问者，不敢不以诚答。…… 问曰：“文宜易宜难？”必谨对曰：“无难易，惟其是尔。”如是而已，非固开其为此，而禁其为彼也。

其中就包括了这样的意思：不因开导其写古文就禁止其作别种文体。

韩愈之所以并不公开排斥骈文，可能还由于以下两个原因：

一是骈文确有佳作名篇，因而不便将它一概否定。从韩愈的读书范围看，他对骈文名篇应该是很熟悉的。虽然他早年为学的确是从儒家典籍开始（《答李翊书》：“始者非三代两汉之书不敢观”），但走上社会之后，则三教九流之书，也多有涉猎（《进学解》：“口不绝吟于六艺之文，手不停披于百家之编”）。因此，他当也读过梁陈之时骈文之冠的徐陵、庾信的名作，如《玉台新咏序》《哀江南赋序》；读过当朝王勃的《滕王阁序》、骆宾王的《讨武瞾檄》等。以韩愈的学识，当也能正确认识这些名篇的价值。公开地否定骈文，不易自圆其说。再说当时的政府文告、官府文书、社交函札，都习惯使用骈文。韩愈的师长与朋友中，也有写骈文的高手。韩愈颇为尊敬的当朝大官裴度也说过一些支持骈文流行的话。他说："文之异在气格之高下，思致之深浅，不在磔裂章句，隳废声韵也。"(《寄李翱书》)他把古文的不讲究字句的整齐和不受声韵的限制当作"磔裂章句，隳废声韵"，可见他对骈文的维护和对古文的抵制。

二是从关系学的角度看，韩愈也不便公开反对骈文。在批判佛老的过程中，韩愈已深深体会到众议难排。他给张籍的信中说：现在信奉佛老的，下至当朝公卿辅相。言下之意是：上有当朝皇帝。因而说："吾岂敢昌言排之哉？择其可语者诲之，犹时与吾悖，其声哓哓；若遂成其书，则见而怒之者必多矣，必以我为狂为惑。"(《重答张籍书》)虽然韩愈最后还是下了决心，公开排佛，但其获罪遭贬也随之而来。对于骈文，韩愈不会不考虑一旦公开反对所带来的后果。有些学者认为，韩愈公开反对骈文。这是不符合事实的。

那么，韩愈是不是就没有反对骈文呢？不是。笔者认为：韩愈是反对骈文的，但他不像排斥佛老那样一而再地公开论辩。他采用的是旁敲侧击法，如说自己应进士试所写的文章（骈文体式），日后再读觉得"乃类于俳优者之辞，颜忸怩而心不宁者数月"(《答崔立之书》)。又如上文已引到的在《与冯宿论文书》中说“时时应事作俗下文字”，觉得“下笔令人惭”。他对前来求教的青年，都教以古文作法。看得出，韩愈希望通过自己和志同道合者的古文写作实践来证明古文样式有骈文所无法比拟的强大生命力，证明古文代替骈文的历史必然性。他清醒地认识到这是一项极其艰巨的事业，不一定能在他有生之年见到胜利的局面。正如他在《答刘正夫书》中所说：

> 夫百物朝夕所见者，人皆不注视也，及睹其异者，则共观而言之，夫文岂异于是乎？汉朝人莫不能为文，独司马相如、太史公、刘向、扬雄为之最。然则用功深者，其收名也远，若皆与世沉浮，不自树立，虽不为当时所怪，亦必无后世之传也。

可见他不怕一时的孤立，他也不奢望有立竿见影的功效。但他一定要不懈地努力，用实践成绩让历史去下结论。这有点像宋代欧阳修反对西昆体，提倡韩愈诗一样，明知“耸动天下”的西昆体并不值得效法，但西昆体的主要人物就是当朝的耆宿，要反对也只能含糊其词、旁敲侧击了。这些历史的相同之处，在我们这个讲究礼仪的古代社会里，重复出现是不足为怪的。

关于第二个问题，笔者认为，韩愈倡古文，也有一些追随者，他们的写作活动和成绩也的确产生了一定的影响，但事实上并未形成什么“运动”。把文学史上的突出现象称为“运动”，这是中国20世纪新文化运动以来才出现的。其实这样称呼未必恰当。韩愈及其同行、门生所从事的古文写作实践，并没有具备“运动”所应有的组织形式、行动纲领。与其称为“古文运动”，不如把他们当作文学流派，称为“古文派”更为合适。纵观我国历史上的文学流派，有的是有组织、有纲领、有创作实践的作家群，是自觉的文学流派。这种流派多出现于近、现代时期；有的是没有具体的组织形式和明确的文学主张，但在客观上形成了文学派别。“这种半自觉或不自觉的集合体，或者是因某一个作家的独特风格，吸引了一批模仿者和追随者，逐渐形成了一个有特定核心和共同风格的派别；或者仅仅是由于一定时期内的一些作家创作内容和表现方法相近、作品风格类似而被后人从实践和理论上加以总结，冠以一定的流派名称。”（《中国大百科全书·文学流派》）这种流派在古代文学史上出现了不少。韩愈和他的从事古文创作活动的同行们，就属于这样的文学流派。

至于第三个问题，关键是弄清韩愈对“文学”与“古文”各自含义的认识。他曾在《答窦秀才书》中说：

愈少驽怯，于他艺能自度无可努力，又不通时事，而与世多龃龉，念终无以树立，遂发愤笃专于文学。

在《上兵部李侍郎书》中说：

愈少鄙钝，于时事都不通晓，家贫不足以自活，应举觅官，凡二十年矣。薄命不幸，动遭谗谤，进寸退尺，卒无所成。性本好文学，因困厄悲愁无所告语，遂得究穷于经传史记百家之说，沉潜乎训义，反复乎句读，砻磨乎事业，而奋发乎文章。

从上举两段文字看，韩愈的所谓“文学”指的是学问和文章，而绝非现代意义上的“文学”。

韩愈所说的“古文”，指的是与骈文相对的文体，即先秦两汉时散句单行的文体。不必讳言，他还缺乏文体分类的理论素养，他仅仅将“古文”与骈文作对比，即从文章形式上来考虑而已。在他之前，萧统的《文选》中就已经把“事出于沉思，义归乎翰藻”的作品与经、子、史之文分别开来，显示出对文学作品特质的新意识。但从“古文”这个含义来说，直到韩愈的时代，却依然仅仅是指用古文形式写成的文章，它包括一般的应用文和文学散文，而并不专指文学散文。韩愈的文集中，从题目上看，文学散文的篇什并不多。而从作品的实际看，则文学散文的篇什也不少。因为一些从内容看来属于应用文的作品，也由于“事出于沉思，义归乎翰藻”，显得情文并茂而带有浓厚的文学味，说它是文学散文也未尝不可。我们看问题当然不应该看其表面，而应该看其实质。

弄清上述三个问题之后，就可以进一步了解韩愈倡导“古文”的其他问题。

提倡古文，目的为了什么？为了“明道”。

以古文明道，这是韩愈的主张，也是他写作古文的重要指导思想。韩愈这样的主张，是与当时思想界张扬儒学、反对佛老的严峻形势有关的。这在宋代被概括为“文以载道”（周敦颐《通书·文辞》）。“文以载道”也好，“文以明道”也好，其“道”均指孔孟之道（儒家之道），因而带有明显的局限，这也是韩愈颇为后人指责之处。不过，在实践的过程中，韩愈的清醒头脑和正直品格使他看到了社会现实中的许多令人不平的现象，又从历史发展的长河中看到了许多仗义执言、扬清激浊的现象，因此他也并不拘泥于“志道”（古道）的成说，而有了“不平则鸣”的论断。

韩愈的“不平则鸣”说，是在《送孟东野序》一文中提出来的。这篇文章借为孟郊送行的机会，提出了“物不得其平则鸣”的观点。文章从自然现象说到社会现象，从历史上盛世之“鸣”，说到衰世之“鸣”和乱世之“鸣”，中心在说明写作与时代社会环境的密切关系，列举了大量的事例论证善“鸣”者都是能直面现实，有感而发。联系到他的朋友孟郊、李翱、张籍等，他说：

三子者之鸣信善矣，抑不知天将和其声，而使鸣国家之盛耶？抑将穷饿其身，思愁其心肠，而使自鸣其不幸耶？

意思是说，这三人之鸣的确是好，但不知上天将使他们为国家的兴盛而和鸣呢，还是使他们身处穷困、心中愁苦而为自己的不幸悲鸣呢？答案自然是很清楚的，因为孟郊等的处境不佳已是事实。韩愈正是为他们抱不平的。韩愈相信，他们面对现实，不平则鸣，应该写出好文章来，也能写出好文章来。

韩愈的这种观点，不是一时的随感，而是曾经多次提及或有所发挥。这种主张，就超出了原来所提出的以“文”明道——孔孟之道的范畴了。

“文以载道”“文以明道”从哲学思想上看有明显的局限性，但从文学理论上说，却有明显的合理性和进步性。“道”是内容，“文”是形式，形式必须服务于内容才有意义，而内容必须通过形式表达才能体现。这对内容空虚而一味追求形式或只注意内容而不讲究形式的写作都是一种抵制。这种主张在当时对于改变文体与文风有不可估量的现实意义，李汉评韩愈于此立下了“摧陷廓清之功”，不为虚誉。

（二）文从字顺，词必己出

韩愈不仅在文与道的关系方面有正确的认识，而且坚定地主张用“古文”形式写文章。虽然他在这方面的理论也多为直观感想式的言语而已，但凭着自己敏锐的观察力和丰富的写作经验，就“文”而言，他还有颇为新鲜、富于生命力的主张，这就是：文从字顺、章妥句帖；务去陈言，词必己出。即文章必须做到文字通顺流畅，篇章结构合适妥帖；要去除陈词滥调，力求自出新意。

韩愈在《答李翊书》中说：

> 愈之所为，不自知其至犹未也。虽然，学之二十余年矣。……当其取于心而注于手也，惟陈言之务去，戛戛乎其难哉！

这就是说，他学古文已经二十多年了，当用心写作时，要做到去除陈腐的言辞还是很困难的。为了“务去陈言”，他经历了长时间的艰苦努力。

韩愈为他的朋友樊宗师写墓志铭，特别称赞他所写文章“古未尝有”，“然而必出于己，不袭蹈前人一言一句”。铭文云：

> 惟古于词必己出，降而不能乃剽贼。后皆指前公相袭，从汉迄今用一律。寥寥久哉莫觉属，神徂圣伏道绝塞。既极乃通发绍述，文从字顺各识职。有欲求之此其躅。

在他看来，古人写文章都是“词必己出”的，但从汉代以来则颇多模仿抄袭。韩愈在《答刘正夫书》中曾说：“汉朝人莫不能为文，独司马相如、太史公、刘向、扬雄为之最。”可见“从汉迄今”是指东汉之后，即骈文产生以来的情况。他反对为文剽窃和抄袭，说这种恶习使得文坛长期死气沉沉，发展的道路都给堵塞了。由此有樊宗师出来引出了一条新路：文章要写得字词恰当准确，这是写文章应该走的路。

韩愈的这个主张是无懈可击的，但他所举的樊宗师的文章，却令后人不敢恭维。因为樊宗师留传下来的文章极少，所作《绛守居园池记》《蜀绵州越王楼诗序》十分晦涩难读。李肇作于长庆年间的《国史补》说：“元和已后，为文笔则学奇诡于韩愈，学苦涩于樊宗师。”北宋欧阳修在《绛守居园池》诗中说：“异哉樊子怪可吁，心欲独出无古初。穷荒搜幽入有无，一语诘曲百盘纡。

孰云己出不剽袭，句断欲学《盘庚》书。”显然认为樊宗师的为文怪僻，多学《尚书·盘庚》，非皆词必己出。又在《集古录·唐樊宗师绛守居园池记》中说：“元和之际，文章之盛极矣，其怪奇至于如此。”表示不可理解。南宋陈振孙在《直斋书录解题》中对于樊宗师的文章多数流失的情况评论：“为文而晦涩若此，其湮没弗传也宜矣！”为什么韩愈独赞樊宗师的文章呢？有人说，可能韩愈当时见到的是樊宗师早期的作品。因为樊宗师留下来的另一篇文章《樊悦墓志铭》（作于贞元九年）则通篇并无晦涩语。但也有人认为，韩愈不过是借写墓志的机会来宣传自己的文学主张，只要主张正确，其余不必深究。后者可能更合理。

在《答刘正夫书》中，韩愈不仅赞扬司马迁等人的不因循、有独创，而且提出了关于写作的带有规律性的见解：

> 圣人之道，不用文则已，用则必尚其能者；能者非他，能自树立，不因循者是也。有文字来，谁不为文？然其存于今者，必其能者也。

要独创，而这种独创又必须能为读者所接受，经得起时间的检验。有一个叫陈商的青年，写信来向韩愈求教作文应举的方法。韩愈读着他的来信，觉得文字晦涩难懂，就在回信中说：“辱惠书，语高而旨深，三四读尚不能通晓，茫然增愧赧。”（《答陈商书》）言下之意希望他能改变这种文风。可见，不管是骈文，还是古文，韩愈都主张文字通顺明白，反对艰深晦涩。

在《上襄阳于相公书》中，韩愈对于頔的诗文多所褒扬，说：

> 文章言语与事相侔……丰而不余一言，约而不失一辞，其事信，其理切……

这也不妨当作韩愈对文章的要求看。他要求文章要言事相符，不得虚夸，长短相宜，叙事要真实，说理要中肯。这实在是当时的“俗下文字”所难以做到的。

文从字顺，这在先秦两汉的散文中有许多典范可供学习和继承；词必己出，则是在继承基础上的创新。历史证明，韩愈的这方面的主张富有生命力。

（三）气盛言宜，加强修养

韩愈的上述主张涉及文体的改革与文风的转变两大问题。韩愈之前的先知先觉者都曾企图转变不良的文风，但却没有把它和改革文体联系起来；他同时代的一些文人，虽然摈弃了骈文，但用古文形式写成的文章却艰涩难懂，文风同样不好。这明摆着的历史和现实，启发了韩愈，要在散文写作上闯出新路，改革文体和转变文风二者缺一不可。

不论是改革文体还是变革文风，在写作的个人来说，都需要做多方面的努力，也即是从不同的方面加强修养。在韩愈看来，主要就是道德修养和写作修养。

先道德而后文章，这是韩愈之前的一种有影响的观点。韩愈也认为：文章与个人的道德修养有直接的关系。《答尉迟生书》说：

> 夫所谓文者，必有诸其中，是故君子慎其实；实之美恶，其发也不掩；本深而末茂，形大而声宏，行峻而言厉，心醇而气和。

《答李翊书》中说：如果希望自己的文章达到古代立言者的境界，那就不要急于求成，不要为势利所诱惑，而必须从根本修养上去下功夫。他打比方说：这好比先培养好植物的根，等待它结果实；好比给灯盏先加油，期待它发出光明。他下结论说：

> 根之茂者其实遂，膏之沃者其光晔。仁义之人，其言蔼如也。

显然，他把仁义道德的修养当作根本。他用比喻和类比提出了“气盛言宜”的论断：

> 气，水也；言，浮物也。水大而物之浮者大小毕浮，气之与言犹是也，气盛则言之短长与声之高下者皆宜。

他同时提出了“养气”的举措，即一方面在思想行为上加强仁义道德修养，一方面要多读书，学习古书的精华。他以自己的亲身感受告诫青年：

> 行之乎仁义之途，游之乎《诗》《书》之源，无迷其途，无绝其源。终吾身而已矣。

显然，韩愈所谓“气”有两方面的意思，一方面指道德修养，相当于孟子所说的“体之充也”，即充满于内心的一种力量，就是一种思想境界或精神状态。气盛，即相当于孟子所说的“浩然之气”，就是指思想境界高、精神状态好。气盛则言宜，这是就作者与文章的总体关系上说的。从写作的实际情况看，气盛者，当不至于作无病呻吟之文，也不会写空虚无聊或格调低下之文。相反，气盛，写起文章来往往纵横捭阖，挥洒自如。“气”的另一方面的意思是熟读古书所获得的关于古文的语感。“气盛”的意思即语感丰富。朱熹说“读得韩文熟，便做出韩文底文字；读得苏文熟，便做出苏文底文字”（《朱子语类》卷八），说的就是这个意思。清代陈衍说：“气，水也”等数语，“譬喻曲肖，作散文者断莫能外。盖多读书，多见事，理足而识见有主。然后下笔吐辞之际，浅深反正，四通八达，百折不离其宗。如山之有脉，如水之有源，如木之有本，则峰峦之高下，港汊之短长，枝叶之疏密，无不有自然之体势”（《石遗室论文》卷四）。说的也是这个意思。韩愈显然认为道德修养好，古文语感丰富，就可能写出“言之短长与声之高下”都合适的文章来。

写作修养方面，韩愈深深地感到必须经过长期的训练。《答李翊书》说到自己从事这种训练已经二十余年了，其中经历了三个阶段：第一阶段是努力读圣贤书、修心养性，不为外物俗事所动。这时候自己心里想的和动手写的都希望能抛开陈词旧调（即“务去陈言”），但自我感觉很困难。把写出来的文章拿给人家看，人家非难嘲笑，我毫不介意。第二阶段是继续努力，毫不动摇，直到能辨识古书文章中的纯正与驳杂，以及清清楚楚地辨识那些虽然纯正却并不完美的地方。而自己写文章就力求去掉那些伪杂成分以及立意虽纯正却未臻完美之处，这才感到逐渐进步了。这时写文章，觉得自然流利。拿写成的文章给别人看，人家讥笑我就高兴，人家称赞我就忧虑，因为我的文章里还有别人的意思和文辞存在着（即还有陈言存在，或“俗下文字”存在）。第三阶段是再继续努力好些年，在文思充沛奔放的情况下，依然担心文章驳杂不纯，于是就从正反两方面平心静气地加以审察，直到觉得立意和词语都是纯正的，才放手挥写。

韩愈关于古文的主张是他在写作实践的过程中总结出来的，不仅具有一定的理论先进性，而且具有实践的可操作性。从排斥骈文、提倡古文这个角度看，这些理论比之先贤先哲的主张既深刻，又可行。这也是他能在中唐树立起古文流派的重要原因之一。

十四　古文风采

韩愈用古文形式写的文章流传下来的有三百多篇。这些文章记载着韩愈的思想经历，反映了他所处时代的社会风貌，表现了他卓越的文学才华，取得了辉煌的成就，其艺术风采主要体现在下面三个方面。

(一) 设身处地，启人心扉

我国的古代文论中，儒家的“政教说”长期占据统治的地位。文人学士都知道写书作文应该有社会教化的功能才有价值。因此，许多作者总是考虑怎么样把文章写得符合正统思想与伦理道德，以便使读者受到教育。但是也有文人，深知自己的文章不可能为当权者所容许，也不可能为时俗所接纳，却相信可以“藏诸名山，传之其人”，以后才显示出它的价值，从而愤然而作，我行我素，也不怕罹祸。例如司马迁之作《史记》。也有文人把写文章当作自娱，不管别人愿不愿意看，自我欣赏就是了。不管受何种思想支配，都有一个先天的弱点，那就是总是以作者为中心来考虑怎样写作，而很少或根本不考虑读者——接受者。

其实，文学创作乃至文化活动中的接受意识的淡薄或欠缺，并非是我国独有。20世纪60年代以前，外国文坛的实际情况也都是如此。但60年代中期，西方一些理论家举起了“接受美学”的旗帜，提出了必须把读者——接受者摆在文学创作的最重要地位。从此，读者——接受者一方就引起了世界文论界的关注。这种理论被引进我国之后，人们才发现，从接受理论的角度来研究我国的古代文化遗产，还有极其广阔的空间。

纵观韩愈关于古文写作的理论，同样缺乏对读者一方的重视。他提倡写作古文，并不是因为古文好读，而是觉得古文好写，古文更能表达作者的思想感情，古文在公务应用中更为实用。他写作的时候，是不是认真考虑过“读者能否接受”这个问题，并无直接的材料可以证明。但对现有作品的实际情形加以分析，还是可以肯定有许多作品是读者容易接受，甚至是乐于接受的。韩愈虽然没有对当代的读者接受理论的自觉，但是他的古文写作却十分注重接受者一方，这比较典型地体现在他的书信和赠序写作中。

韩愈的书信文中，写给朋友和学生的，都比较注意收信对象，把话说得易为对方所接受。给张籍的信，在信中开展辩论，因为张籍把他当知心朋友、诤友，曾经写信和他讨论学术和为人的问题；写给李翱的信，具有更多的私人色彩，因为李翱是他的侄女婿；写给崔群的信，则牢骚感慨，尽情倾诉，并带有家常本色之言，因为崔群是他应举之时结交的“四君子”之一，是生平最相知的挚友；对另一个也是“四君子”之一的李绛，韩愈给他的信中甚至奉以忠告：“接过客俗子，绝口不挂时事，务为崇深，以拒止嫉妒之口。”诸如此类的信，由于与收信对象有着特殊的关系，要把信写得设身处地比较容易。

而有的收信对象身份不俗，韩愈与之又无真正的交往，这种信写起来就颇费思量了。但韩愈有不少这类书信也写得很得体，真正能够设身处地，启迪对方，也为后人提供写作时充分注意接受对象的范例，如《与少室李拾遗书》：元和初年，户部侍郎李巽、谏议大夫韦况推荐隐居于少室山的李渤到朝廷任官，于是皇帝下诏征为左拾遗，河南少尹杜兼派人持诏前往敦促李渤出山，但李渤执意不仕。在这种情况下，韩愈受托给李渤写了这封信。信并不长，前半说，正值太平盛世，您应该出山与天下士君子同享安乐。古代孔子“知不可为而为之不已，足迹接于诸侯之国”。言下之意您应该以之为榜样，在当今“可为”之时，出山就任。后半则说：朝廷派使者去邀您出山就任，您不答应，则当地（河南）

官员必定会继续催促您，您再不答应，就必定以为您嫌官位级别低而给您提高级别，那时再答应就任，就会“伤于廉而害于义”，您不至于这样吧。况且好人都希望您出山任职。在这种情况下，您不答应，就“使天子不尽得良臣，君子不尽得显位，人庶不尽被惠利。其害不为细”。最后语重心长地说：“必望审察而远思之，务使合于孔子之道。”李渤是儒学信徒，韩愈以孔子为例，就很有说服力；李渤为人清高，韩愈用“伤于廉而害于义”晓之，也颇中肯綮；儒家信徒讲究独善其身、兼济天下，韩愈就分析说，您不答应出山，势必连累到天子、君子、人庶等诸方面，这也很可能使李渤觉得再坚持下去就过意不去了。果然，李渤为韩愈此信所动而出山参政。

《上考功崔虞部书》作于贞元九年（793）。当时韩愈参加吏部试，初选中式，而最终还是落选，主考阅卷官是崔元翰。信颇长，对崔元翰说了几层意思：先说自己应试初选中式，是您有与众不同的主意，能不受不正当舆论的干扰，而根据答卷判定。但最终落选了，这是因为我“实与华违，行与时乖”。即自己的踏实的品行与推崇表面功夫的现实风尚相矛盾，从而不为当权者（崔元翰的上司）所接纳。接着，说自己的确是不会做表面功夫，在京师八九年也不懂去干谒权贵，以致造成如今的落第下场。最后说想到古人四十而仕，而自己才二十六岁，还有许多机会可以努力，相信有机会成功，可以报答您的知遇之恩。但现在经济拮据，温饱无着。言下之意亟待下次应试中举。信里虽然没有直接说要对方怎样帮助他，但求荐之意还是很清楚的。

《上兵部李侍郎书》作于永贞元年（805），是韩愈量移江陵之后希望调回京城而写给李巽的信。信不长，有两层意思。前半说自己二十多年来“动遭谗谤”，虽发愤于文学且有些成绩，但“不见知己”，即未遇到爱惜人才、善于举荐后辈的大官。后半则说：“阁下内仁外义，行高而德巨，尚贤而与能，哀穷而悼屈，自江而西，既化而行矣。今者入守内职，为朝廷大臣，当天子新即位，汲汲于理化之日，出言举事，宜必施设，既有听之之明，又有振之之力。”由此，阁下必定是举贤任能者。于是附上自己新作的诗文，请阁下考察。

以上两篇书信，没有自视高深的陈述，没有教训人的口吻，而以后辈应举者或身处下位者的身份来说话，让对方阅信时不产生反感，能看得下去。前者既有真诚的感激，又有切实的要求，感激之言不是故作姿态，而要求也并不过分，可以理解甚至可以接受；后者抓住对方刚刚提拔入朝的现实与心态，作些颂扬而掌握好分寸，没有故意谀人的痕迹，因而显得不卑不亢，而要求举荐的愿望则不说而知。

没有什么材料记载韩愈所写的干谒之作是怎么揣摸对方的。

从现有作品的客观实际看，上述属于上乘之作显然能设身处地，启人心扉。

而在韩愈所写的干谒书信中也有一些在常人看来写得并不得体之作。如《应科目时与人书》(或作《与韦舍人书》)。全文如下：

> 天池之滨，大江之溃，曰有怪物焉；盖非常鳞凡介之品汇匹俦也！其得水，变化风雨上下于天不难也；其不及水，盖寻常尺寸之间耳。无高山大陵旷途绝险为之关隔也；然其穷涸不能自致乎水，为猵獭之笑者，盖十八九矣。如有力者哀其穷而运转之，盖一举手一投足之劳也。然是物也，负其异于众也，且曰：烂死于沙泥，吾宁乐之；若俯首帖耳摇尾而乞怜者，非我之志也。是以有力者遇之，熟视之若无睹也。其死其生，固不可知也。今又有有力者当其前矣，聊试仰首一鸣号焉，庸讵知有力者不哀其穷，而忘一举手一投足之劳而转之清波乎？其哀之，命也；其不哀之，命也；知其在命而且鸣号之者，亦命也：愈今者实有类于是。是以忘其疏愚之罪，而有是说焉。阁下其亦怜察之！

这是编一个寓言来表达干谒求荐的意思。清代林云铭说：这种求荐之作，“恐落笔必有许多干碍，故出于此，非以譬喻见奇也”。

但“篇中所谓‘摇尾乞怜’，骂尽前此应举之徒，营求卑屈，如狗之依人；所谓‘熟视无睹’，骂尽前此主试诸公，黑白混淆，如盲之辨色矣”(《韩文起》评语卷二)。但这都不要紧，关键是能否打动收信者(韦舍人)。寓言中的“怪物”颇为自负，宁可烂死于沙泥也不俯首帖耳摇尾乞怜，因而未能摆脱困境。现在，它面对当前的有力者，想“仰首一鸣”，求得帮助改变处境。但又把能否达到目的，说成是“命”使之然。这就缺少了仰仗对方因而将无限感激对方这层意思。试想，收信者读了这则寓言能为之感动、为之举荐吗？他难道不会这样想：既然是命中注定，那何必来求我呢？或者想：既然是命中注定，那就任其自然吧。

《与凤翔邢尚书书》也作于贞元九年(793)，当时韩愈礼部及第之后应吏部试不中，便去干谒邢君牙。信的开头说：“布衣之士身居穷约，不借势于王公大人则无以成其志；王公大人功业显著，不借誉于布衣之士则无以广其名：是故布衣之士虽甚贱而不谄，王公大人虽甚贵而不骄，其事势相须，其先后相资也。”口气不像是来求举荐，而是来和对方做平等交易似的。接着就说，阁下有威有权，有功于朝，本来应是海内之士愿为阁下奔走效劳的，但却未能达到这种地步，这“岂非待士之道未甚厚，遇士之礼未甚优？”然后就以贤者的姿态为对方开出方略。最后才介绍自己的情况，希望得到举荐。——像这样的自视甚高、好为人师的求荐信，怎么能叫对方乐意为之推荐呢？

《上宰相书》三篇作于贞元十一年（795）。第一书中，韩愈向宰相们陈述个人的学历和应举不售的困境，表示自己并不过高的愿望，希望得到他们的举荐。言辞恳切，后人读来颇受感动。但信一开始就引入《诗经》和《孟子》中关于“长育人才”的言论并做长篇解说，中间又引入《尚书》言论加以申说，目的大概是作为论证当朝宰相有责任举荐人才的依据。今人读来，都觉说教味太重。在宰相们看来，岂不是班门弄斧？第二书，则大声疾呼，说自己处于穷饿的水深火热之中，宰相们不能见死不救。并且暗示，见死不救就不是“仁人”。第三书，又是一开始就搬出古人，用了颇长一段文字说周公怎么求贤若渴，借以对比当朝宰相对贤才无动于衷，并表示对宰相们的失望和责备，愤慨之情，跃然纸上——这样的干谒求荐信，企图在信中表现自己的才学却陷入了说教对方而不自觉；一时的焦急和浮躁说了得罪对方的话还不自知。这样写信能达到目的吗？

韩愈的赠序文在这个问题上就没有明显的毛病可挑剔，那些文章总是力求选择合适的话题，把话说到对方的心坎上。赠官员，讲治国治政；赠学生，讲为学为人；赠处士，讲出处用人；赠僧道，讲出世入世；赠朋友，则就共同关心的问题发牢骚，无所顾忌。

《送陆歙州诗序》是贞元十八年（802）送祠部员外郎陆傪出

刺歙州之作。陆傪是韩愈敬仰的朝官，在此不久之前，韩愈才写信给他，向他推荐侯喜等十位应考的举子。现在，陆傪受命离京赴歙州。韩愈认为，当今朝廷的赋税十分之九来自江南，而歙州乃江南的富州，派陆傪任歙州刺史，正是天子对他委以重任。但朝廷和京城许多人却舍不得他走而为之叹息流泪，以为不应当派他去，说让他留在朝廷任职，将使全国受益，而让他出刺歙州，则只有歙州受益；“先一州而后天下，岂吾君与吾相之心哉？”韩愈此序就抓住治国理政这个话题来写，其他的一律舍弃。不难设想，陆傪读了这样的赠序，心里是很感激的，京城诸人读了，也觉得说出了他们的心里话，“吾君吾相”读了，更会认为派他去是对的，他决不会辜负众望。

《送区册序》是贞元二十年（804）在阳山作的。韩愈与这位从南海而来拜师求教的学生相处甚洽，在他要回家省亲的时候，所写的序的内容不是师长的说教，也不是一般的叙别赠言，而是从描写阳山的恶劣环境入手，再写区册的到来，使自己得到莫大的精神安慰：“庄周云：逃虚空者，闻人足音跫然而喜矣。况如斯人者，岂易得哉！”然后写他“入吾室，闻《诗》《书》仁义之说，欣然喜，若有志于其间也”；写“与之翳嘉林，坐石矶，投竿而渔，陶然以乐，若能遗外声利而不厌乎贫贱也”。说得何等亲切朴素，一种厚爱学生之情溢于文句之中。想区册接过此序，当是欣喜过望。

《送温处士赴河阳军序》是韩愈为河南令时写的。与《送石处士序》是写赠处士的姐妹篇。篇中讲了出处治国的话，又将它与识人用人联系了起来。一开头就自问自答：

> 伯乐一过冀北之野，而马群遂空。夫冀北马多天下，伯乐虽善知马，安能空其群邪？解之者曰：吾所谓空，非无马也；无良马也。伯乐知马，遇其良，辄取之，群无留良焉。苟无良，虽谓无马，不为虚语矣。

接着就说河阳军节度使乌重胤能识人，想尽办法将冀北重地东都的隐士石洪和温造罗致幕下。说东都的人才虽多，但“朝取一人焉，拔其尤；暮取一人焉，拔其尤”，照这样下去，东都的人才也将被选拔完。说的好像是一种埋怨，其实却出自赞美之意。所以下文即稍作议论：“夫南面而听天下，其所托重而恃力者惟相与将耳。相为天子得人于朝廷，将为天子得文武士于幕下：求内外无治，不可得也。”末尾才收笔言“送”，请温造到军门时，代祝贺乌重胤为天下得人，又表达对乌重胤罗尽人才的“埋怨”——这样措辞，设身处地，关照了方方面面，是何等得体。

《送高闲上人序》是写给佛徒高闲的，分三层意思：先以古人事例说明事业的成功必须依赖专一的精神和顽强的意志。再说唐代的书法大家张旭之所以成就事业，是因为他对事业有执着的追求，即有执着的入世态度。他热爱生活，从生活中获得激情，使草书写得精彩成熟。然后接触到本序的正题：送高闲。说高闲也研究草书，但高闲作为佛徒，并没有张旭那种对生活的态度，而是“一死生，解外胶”，即把生死看成一样，对一切身外物不感兴趣，尽力摆脱，因而“其为心，必泊然无所起；其于世，必淡然无所嗜”，这样“颓堕委靡，溃败不可收拾”的精神状态，怎么能将书法学得像张旭那样呢？说完上述三层意思之后，韩愈非常巧妙地用下列三句话作结语：“然吾闻浮屠人善幻多技能，闲如通其术，则吾不能知矣。”可以看出，韩愈是借作序的机会，抨击佛教的出世思想与态度。但面对的是具体的前来要求作序为别的高闲，又不能使他觉得这是在指责他、贬低他，因此，就说你高闲可能是例外的人。这样说是什么意思，高闲心知肚明。但序文分明使高闲可以接受。

由于韩愈文名颇大，一些官场或私家的送别聚会，常常要韩愈为之写序。而有的被送者，与韩愈既非同僚，又非亲故。这种情况下，韩愈也多能选准话题，写得恰到好处。《送郑十校理序》就是一例。这是在东都写给郑瀚的信。当时，集贤校理郑瀚从京城来东都探家，假满回京，韩愈与同僚为他送行。韩愈与他并无什么深交，他也并无什么特殊政绩可言。在这种情况下作序，说什么好呢？郑瀚的父亲郑余庆是韩愈的老上司，向来不薄韩愈，韩愈正好利用这个机会表示感激之情。于是这篇序就从“集贤校理”这个官职说起。文章说，集贤殿是天子所重视的图书馆，集贤校理是从天下有文学才能的人中选拔的、在集贤殿中校勘图书的重要官员。郑瀚以长安尉选为校理，令公卿大夫家之子弟为之受到了鼓舞。文章接着很自然地说到自己和郑余庆的关系是“三为属吏，经时五年，观道德于前后，听教诲于左右，可谓亲熏而炙之矣”。郑余庆给他的良好印象是：“其高大远密者，不敢隐度论也；其勤己而务博施，以己之有，欲人之能，不知古君子何如耳。”写到这里，再接写郑瀚，说“今生始进仕，获重语于天下，而慊慊若不足，真能守其家法矣”。这样就把对郑瀚的嘉奖与对郑余庆的赞美结合了起来，真可谓一箭双雕。这样的序，郑瀚读起来一定很高兴；郑余庆读起来，也当回味有加；别人读起来，不能不对韩愈的为人与为文由衷称赞。

除了上述的书信、赠序这类文章之外，一般的杂记文也有易为读者接受的佳作。《徐、泗、豪三州节度掌书记厅石记》就是一例。贞元十五年（799），张建封为了纪念在他手下当过书记后来成了名人的许孟容、杜兼，修建了一座书记厅。韩愈当时在张的手下当幕僚。他有感于上司张建封颇为爱才，其僚属又多干才，上下宾主关系较好，就主动请为厅石作记。首段如下：

> 书记之任亦难矣！元戎整齐三军之士，统理所部之甿，以镇守邦国，赞天子施教化，而又外与宾客四邻交；其朝觐聘问慰荐祭祀祈祝之文，与所部之政，三军之号令升黜：凡文辞之事，皆出书记。非闳辨通敏兼人之才，莫宜居之。然皆元戎自辟，然后命于天子；苟其帅之不文，则其所辟或不当，亦其理宜也。

这是扣题之言。因为是书记厅，就从书记的职责及人员的选拔说起。但这只是泛泛而说。下文才是用意所在：

> 南阳公……镇徐州，历十一年，而掌书记者凡三人：其一人曰高阳许孟容，入仕于王朝，今为尚书礼部郎中；其一人曰京兆杜兼，今为尚书礼部员外郎、观察判官；其一人陇西李博，自前乡贡进士授秘书省校书郎，方为之。南阳公文章称天下，其所辟实所谓闳辨通敏兼人之才者也。后之人苟未知南阳公之文章，吾请观于三君子；苟未知三君子之文章，吾请观于南阳公可知矣：蔚乎其相章，炳乎其相辉；志同而气合，鱼川泳而鸟云飞也！

这是主题所在，既褒扬了前任而现已成名的书记，又连及在任的书记。褒扬书记也就是褒扬南阳公。二者可写之处应该是很多的，文章专就“文”字切入，再带出他们相得益彰、如鱼得水的关系，写得切实而深刻。这样的杂文刻在壁石上，不仅当事人乐于接受，其他的人当亦乐于观览。假如文章不是这样写，而是着重写过去两位书记的政绩，那也完全符合厅壁记的要求，但那就成了人物历史行状。现在写成这个样子，看得出韩愈的意图除了颂扬前任二位书记之外，还颂扬在任的书记以及他们的现任上司张建封。而在任书记和张建封就正是书记厅的主人，也是本“记”的最直接的接受者。

（二）气势磅礴，以情动人

韩潮苏海，这是清人评价韩愈散文与苏轼散文特点的比喻语。它源于宋代李涂《文章精义》的说法。李涂说：“韩如海，柳如泉，欧如澜，苏如潮。”看来李涂是试图用比喻的方法对韩愈、柳宗元、欧阳修、苏轼的散文特点加以区别地揭示。而清人在接受这一说法的时候，却将“韩海苏潮”说成了“韩潮苏海”。清代经学家俞樾以为清人搞错了。其实清人应该是没有搞错的，这样说只不过是使用了互文的方法，表示韩愈与苏轼的文章都是波澜壮阔如海如潮，无与伦比的。这种评点式的批评话语就像苏轼用“郊寒岛瘦”说孟郊和贾岛，用“元轻白俗”说元稹和白居易。我们只能领会其精神实质，而不可胶柱鼓瑟。

撇开苏轼不说，就韩愈而言，其文气势磅礴，如潮如海，确是后人的共识。韩愈的散文作品确实呈现出一种磅礴气势。正如苏洵所说：“如长江大河，浑浩流转，鱼鼋蛟龙，万怪惶惑，而抑遏蔽掩，不使自露，而人望见其渊然之光，苍然之色，亦自畏避，不敢迫视。”（《上欧阳内翰第一书》）这在骈文的绮丽颓靡文风盛行的当时，固然有令人耳目一新的效果，在此后的散文历史中，也可说是站在巅峰之上，令人有高山仰止之赞。

韩愈文章气势的形成有多方面的因素。其中最主要的是情感因素和语文因素。这两者中，情感因素是主，语文因素是从，二者和谐配合。

韩愈文章中所表现的情感的特质可以一言以蔽之，曰：真。他那些与个人升沉有关、与个人私人生活有关、有感而发的文章，自然包含着各种各样的感情；他那些讲说儒学、议论治国方略的文章也往往带着个人对国家、对社会的关切之情。这种种感情的产生都出于自然而然，并无矫揉造作之处。从中可以窥见韩愈为人的品性与操守。

任何作者临文之时，要把自己的真实感情形诸文字，就得借助一定的表达能力。韩愈对语文有很高的驾驭能力，善于通过文字把自己的各种感情恰到好处地表达出来。

在韩愈的文集中，我们看到他在运用文字表达自己感情方面，形成了一种风格，一种气势。这也就是后人所比方的如海如潮的意思。

先看看韩愈对哀情的表达。

《祭十二郎文》是祭侄子老成的。文章首段如下：

> 呜呼！吾少孤，及长不省所怙，惟兄嫂是依。中年兄殁南方，吾与汝俱幼，从嫂归葬河阳，既又与汝就食江南，零丁孤苦，未尝一日相离也。吾上有三兄，皆不幸早世，承先人后者，在孙惟汝，在子惟吾；两世一身，形单影只。嫂常抚汝指吾而言曰："韩氏两世，惟此而已！"汝时尤小，当不复记忆；吾时虽能记忆，亦未知其言之悲也！

先从个人孤苦身世、单薄家世说起，带出对已逝的恩嫂郑氏的怀念，儿时可悲，却因幼稚而不知悲，如今回想起来，悲益加重。

接着叙说自己与老成分离之后，十七年来，为谋生而劳碌奔波，只互相探视了四次。几次要老成携家来一起同住都未成功，没想到“汝遽去吾而殁乎！”本以为“吾与汝俱少年”，“虽暂相别，终当久相与处；故舍汝而旅食京师，以求斗斛之禄。诚知其如此，虽万乘之公相，吾不以一日辍汝而就也！”真是无可弥补的遗憾，但已悔之晚矣，岂不悲哉！

接着又述说自己去年曾托孟郊带信给老成，信中说自己身体不好，“年未四十，而视茫茫，而发苍苍，而齿牙动摇。念诸父与诸兄，皆康强而早世，如吾之衰者，其能久存乎！吾不可去，汝不肯来，恐旦暮死，而汝抱无涯之戚也！”但想不到“少者（汝）殁而长者（吾）存”。面对这无情的现实，韩愈实在无法接受。他在“是真是梦”之间反复咀嚼：是真的吗？那么我哥哥品德高尚反而儿子早逝？老成纯正聪明反而不能承受他父亲的恩泽吗？年轻的健康的寿短先逝，而年老的体衰的反而好好地活着，这不能当真的啊！是做梦吗？是传来的噩耗不确实吗？那么，孟郊说及噩耗的信和耿兰报丧的信，为什么就在我的身边呢？这是真实无疑的了：我哥哥的品德高尚却使他的儿子早逝，老成纯正聪明本应该继承他的家业的，却不能承受他的恩泽。至此，韩愈终于发出了万分的感慨：

所谓天者诚难测，而神者诚难明矣！所谓理者不可推，而寿者不可知矣！

这真是对天地神明的责怨了。在悲痛不已之时，韩愈还说出了一段痴话：

> 吾自今年来，苍苍者或化而为白矣，动摇者或脱而落矣，毛血日益衰，志气日益微，几何不从汝而死也！死而有知，其几何离；其无知，悲不几时，而不悲者无穷期矣！

意思是说：我身体很差，没多久就会死去的了。如果死后还有灵魂的话，那我们还能分离多久呢？如果死后没有灵魂，那我也不能悲伤多长时间了，而不悲伤的日子倒是无穷无尽的了。

接着是追问两个问题：是什么病夺去你的生命？你逝世的确切日子是哪一天？最后，细说后事安排，以告慰在天之灵。并再一次哀告：

> 呜呼！汝病吾不知时，汝殁吾不知日；生不能相养以共居，殁不得抚汝以尽哀，敛不凭其棺，窆不临其穴；吾行负神明而使汝夭，不孝不慈，而不得与汝相养以生，相守以死；一在天之涯，一在地之角，生而影不与吾形相依，死而魂不与吾梦相接：吾实为之，其又何尤？彼苍者天，曷其有极！

> 自今已往，吾其无意于人世矣。当求数顷之田于伊颍之上，以待余年，教吾子与汝子幸其成，长吾女与汝女待其嫁：如此而已。呜呼！言有穷而情不可终，汝其知也邪？其不知也邪？

这是韩愈所写祭文中最长的一篇，也是韩愈所写表达哀情最重的一篇。通篇哀出肺腑，夹哭夹写，可谓泪洒而成，情深意切，无限悲伤，说是“祭文中千年绝调”（茅坤评语），不为虚誉。

祭文是抒哀之作。有的祭文是例行而作，有文无情。有的祭文，虽有哀感，却不深重，更难以形成一种感人的气势。而《祭十二郎文》的抒哀却有震撼人心的效果。究其原因有三：

一是以散代韵。祭文的常规文体是四言韵文。而此文却打破常规，采用散文形式。句式的选用，句子的长短，都按情感抒发的实际需要而定。试想，人在极度悲哀的情况下，怎么有可能每句话必四言，甚至于开口必骈俪，而不产生长短不齐、奇偶不计的话语呢？此文以散文形式把作者临文那种又泣、又呼、凝思、回顾、放声长号、低回告慰的话语表达得淋漓尽致，又不避口语俗语，满纸不见文饰，具有自然的、感人的情愫。

二是用反复絮语道出惊、疑、悲、悔的复杂心情。人在极度悲哀的时候，说话常常语无伦次，对锥心刺骨的事常常反复叨念。

此文正是如此，写生前离合，反复絮说错过接侄儿来家久相与处的愿望；写接到噩耗消息之时的惊疑，一而再、再而三地絮说信与非信的心情；写后事安排，也将琐事一桩桩、一件件排比絮说，以之告慰逝者。

三是多用复叠句式和排比句式。不仅状物如此（如说自己视力、头发、齿牙），言情亦如此（如疑信疑真之言、呼天抢地之言）。这就使所表达的情事得到一定程度的强化。陈骙说："文有数句用一类字，所以壮文势、广文义也，然皆有法。退之为古文伯，于此法尤加意焉。"（《文则》卷下庚条）显然，这是韩愈临文有意的运用，是对口头话语的文字加工。

上述数端，换了另一作者，就未必能同时具备。而在韩愈来说，却是兼而有之。正因此，本文能够产生哀感动人的气势。

再看看韩愈对豪情的表达。

《鳄鱼文》是韩愈初到潮州之后，为民除鳄害而采用民俗方法所写的文章。文章在述说"鳄鱼其不可与刺史杂处此土"之后，宣布鳄鱼的罪状：

> ……鳄鱼睅然不安溪潭，据处食民畜熊豕鹿獐，以肥其身，以种其子孙，与刺史亢拒，争为长雄……

然后，向鳄鱼下驱逐令：

> 潮之州，大海在其南，鲸鹏之大，虾蟹之细，无不容归，以生以食，鳄鱼朝发而夕至也。今与鳄鱼约：尽三日，其率丑类南徙于海，以避天子之命吏。三日不能至五日，五日不能至七日，七日不能，是终不肯徙也，是不有刺史听从其言也；不然，则是鳄鱼冥顽不灵，刺史虽有言，不闻不知也。夫傲天子之命吏，不听其言，不徙以避之；与冥顽不灵而为民物害者，皆可杀。刺史则选材技吏民，操强弓毒矢，以与鳄鱼从事，必尽杀乃止。其无悔！

以唯物主义眼光看来，祭鳄之举是无济于事的。但在当时的历史环境下，韩愈相信祭鳄可以为民除害，他还是一片真情付与。在鳄鱼面前，表现了天子命吏的豪情。先数落鳄鱼的罪状，再下驱逐令，顺理成章；驱逐而令其有所去处，期限令其有所腾挪，而驱逐之意坚决，吏民弓矢以待。文章语言斩钉截铁，显出了大将的风度，也具有了勇者的气势。

一般地说，抒情之文要做到以情动人比较容易，论说之文相对地比较困难。但韩愈的论说文却能做到含抒情于议论之中，使文章随情起伏，跌宕多姿，具有感人的力量和排山倒海的气势。

最为后人称道的长篇论文《原道》以其周密的论说显示出逻辑的力量，令人信其所说之理，这是文章的主要一面。与此同时，韩愈将自己对于儒学的崇敬和对于佛老的不满之情自然而然地渗透在行文之中，令人感受到鲜明的感情色彩：既有冷静地逐层推进的说理（如对“仁义道德”的论断），又有对严峻现实的评述（如对佛老为害社会秩序的剖析）；既有张扬儒道传统的豪情，又有排斥佛老的决心。对上述理与情的表达，韩愈表现出驾轻就熟的能力。文章首段即辨明儒家的仁义道德观与道家的仁义道德观的区别：

> 博爱之谓仁，行而宜之之谓义；由是而之焉之谓道，足乎己，无待于外之谓德。

用四个“……之谓……”句排比在一起，使文章开篇就具有突兀凌厉的气势。而说到儒家与老子的道德观，则用对比的句式，使彼此的区别显得非常鲜明：

> 凡吾所谓道德云者，合仁与义言之也，天下之公言也；老子之所谓道德云者，去仁与义言之也，一人之私言也。

文章的中段在以对比句式指出古之民四（士、农、工、贾）、今之民六（多了僧尼、道士），古之教一（儒）、今之教三（多了道教与佛教）之后，以排山倒海的气势来叙述古代儒家圣人的功绩：

> 有圣人者立，然后教之以相生养之道。为之君，为之师……寒，然后为之衣，饥，然后为之食……

一连用了十七个带有“为之”的句子，读之真有盛气迫人之感。在论及君臣民的社会职责时又用了三个排比的判断句：

> 君者，出令者也；臣者，行君之令而致之民者也；民者，出粟米麻丝，作器皿、通货财，以事其上者也。

僧尼、道士不事生产，正是韩愈所抨击的。文章的后段，阐明儒家所谓的“道”的内容，以“其文《诗》《书》《易》《春秋》”开始，连用八个“其”字句；阐明儒家“道”的功用，用“以之为己，则顺而祥”开始，连用四个“以之”句；阐明儒家道统的承传时，用一气贯注的语句写道：

> 尧以是传之舜，舜以是传之禹，禹以是传之汤，汤以是

传之文武周公，文武周公传之孔子，孔子传之孟轲，轲之死，不得其传焉。

真有万马奔腾、不可阻挡的气势。

《原道》一文段与段、句与句之间，衔接紧密，使众多排比的句式更显示出力量来。后人读之，虽然不必服其说教的内容，却不得不惊叹其说理的气势。论说文写出这样的语言境界，不是高手怎么做得到？

《师说》是著名的论师论教文章。文章在论说“学者必有师”之后，一而再、再而三直抒师道不传之感慨：

古之圣人，其出人也远矣，犹且从师而问焉；今之众人，其下圣人也亦远矣，而耻学于师。

爱其子，择师而教之；于其身也，则耻师焉；惑矣！

巫医乐师百工之人，不耻相师。士大夫之族，曰师曰弟子云者，则群聚而笑之。…… 巫医乐师百工之人，君子不齿，今其智乃反不能及，其可怪也欤！

由于致慨的合理重复，由于排偶句式的应用，文势也就自然而然地形成。

《讳辩》是为李贺应进士试受阻而作的。李贺的父亲名晋肃，有人就用儒家“避讳”的礼制来堵塞他应进士科考试的道路。韩愈熟知儒家之礼，认为按律是“二名不偏讳”，并举古代成例加以辨析，然后愤然反问：

> 父名晋肃，子不得举进士；若父名“仁”，子不得为人乎？

这是以理成势，以势逼人，令阻拦者哑口无言，不得不服。

《原毁》是针对习俗忌能妒贤、宽己严人而发的议论。先说古之君子责己重以周，待人轻以约，故为人不怠，人亦乐为善。中间接写今之君子：

> 今之君子则不然。其责人也详，其待己也廉。详，故人难于为善，廉，故自取也少。己未有善，曰：“我善是，是亦足矣。”己未有能，曰：“我能是，是亦足矣。”外以欺于人，内以欺于心，未少有得而止矣，不亦待其身者已廉乎？其于人也，曰：“彼虽能是，其人不足称也；彼虽善是，其用不足称也。”举其一，不计其十；究其旧，不图其新。恐恐然惟惧其人之有闻也，是不亦责于人者已详乎！夫是之谓不以

众人待其身，而以圣人望于人，吾未见其尊己也。

再分析其原因：

虽然，为是者有本有原，怠与忌之谓也。怠者不能修，而忌者畏人修。吾尝试之矣，尝试语于众曰："某良士，某良士。"其应者，必其人之与也；不然，则其所疏远不与同其利者也；不然，则其畏也。不若是，强者必怒于言，懦者必怒于色矣。又尝语于众曰："某非良士，某非良士。"其不应者，必其人之与也；不然，则其所疏远不与同其利者也；不然，则其畏也。不若是，强者必说于言，懦者必说于色矣。是故事修而谤兴，德高而毁来。呜呼，士之处此世，而望名誉之光、道德之行，难已！

由于前面有古之君子的德行做榜样，就使下面的议论有了高屋建瓴之势，所说的今之君子的德行与之作一对比，如弱兵对强将，溃不成军，从而显示出对今之君子的凌厉批判来。文章同样借助于排偶句式，气势锐不可当。

韩愈的抒情文和论说文都能写出感人的气势，韩愈的书、序、杂说也一样有令人动情的篇什。《送李愿归盘谷序》就是突出一例。

李愿是韩愈的朋友，因为自觉命运不好，做不成大官，又不肯趋附权贵，因此想到盘谷山林中隐居，既可避祸，又可求得心理平衡。他对韩愈说出了现实社会中的三种人的情况。第一种人是“人之称大丈夫者”：

> 利泽施于人，名声昭于时，坐于庙朝，进退百官而佐天子出令。其在外，则树旗旄，罗弓矢，武夫前呵，从者塞途，供给之人，各执其物，夹道而疾驰。喜有赏，怒有刑，才畯满前，道古今而誉盛德，入耳而不烦。曲眉丰颊，清声而便体，秀外而惠中，飘轻裾，翳长袖，粉白黛绿者，列屋而闲居，妒宠而负恃，争妍而取怜。大丈夫之遇知于天子，用力于当世者之所为也。

这种人，大权在握，可以给人恩惠，能进退百官，名声显赫；一有外出，则旌旗引路，武夫护驾，前呼后拥，派头十足；他们随自己的喜怒来施行赏罚，又有一批清客曲意逢迎，歌功颂德，家中美女如云，歌姬舞伎争宠斗妍。李愿说：“吾非恶此而逃之，是有命焉，不可幸而致也。”韩愈将李愿的话如实录入，一方面将官场的丑恶揭示出来，一方面也讽刺李愿其实还是非常希望成为这种人的，只不过自认命运不好，做不成就是了。

第三种人是趋时附势的小人：

> 伺候于公卿之门，奔走于形势之途，足将进而趑趄，口将言而嗫嚅，处秽污而不羞，触刑辟而诛戮，侥幸于万一，老死而后止。

这种人自然不为李愿所赏识，也当为韩愈所轻视。而第二种人——隐居者是怎样的呢？

> 穷居而野处，升高而望远，坐茂树以终日，濯清泉以自洁。采于山，美可茹；钓于水，鲜可食；起居无时，惟适之安。与其有誉于前，孰若无毁于其后；与其有乐于身，孰若无忧于其心。车服不维，刀锯不加，理乱不知，黜陟不闻，大丈夫不遇于时者之所为也。

这种人隐居于穷乡僻壤，清心寡欲，怡乐于自然，不必为毁誉、刑赏、升迁而忧心。这是李愿在不得志情况下的选择，也是韩愈应举为官过程中，常常想到的一种去处。正因此，序文的末尾“歌曰”中，韩愈直抒胸臆地说：“膏吾车兮秣吾马，从子于盘兮，终吾生以徜徉。”

序文通过李愿之口否定了第一种人和第三种人，肯定了第二种人。不论是肯定或否定，三种人都描写得形象、生动，又各有特点。对第一种人，着重写他们的权势、声威、排场、腐化；对第二种人，着重写他们的闲适与恬淡，写他们不慕名利，无忧于心，既表现他们的心境的无累，又暗示当官者的背后其实隐藏着祸殃；至于对第三种人的描写，则似是顺便勾勒而已，但寥寥几句却将钻营者的丑态刻画得入木三分。将三种人排在一起，使之媸妍互见，从而褒贬自现，也增强了表达的效果。

值得注意的是韩愈流露于此文中的感情十分饱满而充沛。出处问题向来是士大夫不能回避的老问题，在古代社会里，多少知识分子受其困扰，被迫演出了多少悲喜剧！又酿造出多少文学佳篇名作！这篇序所赠的对象李愿到底是什么样的人，他的所谓乐于行之的隐居道路是真的出于不得已，还是如清代尤侗所说，“不过豪华公子，骄语清高，而又借当时名士之文以附不朽”（《西堂杂俎》二集卷二），这都无关紧要。韩愈完全可以借题发挥，借他人酒杯浇自己块垒，把自己所厌恶的官场丑恶一面尽力渲染，把自己对真正隐士的同情与崇敬尽力宣泄。为了达到预期的效果，韩愈更多地使用排比句式，还将许多偶句布于散行之间，形成整齐对称、骈散相间的文面，让人读来别有一番韵味。“气盛言宜”在这里得到非常明显的体现。苏轼惊奇地发现这是韩愈文章中的瑰宝，动情地说：“唐无文章，唯韩退之《送李愿归盘谷序》而已。”显然不是故作惊论。

（三）运用技巧，炉火纯青

韩愈关于古文的写作技巧，并无理论上的阐述。但他的古文创作，却有不少技巧可资研究。有的文章，写得简朴明了，与古人之作相仿佛，简直不让前贤。这可能是得力于他对古人佳作的烂熟于胸。这类作品，虽有技巧存在，但他未必有所自觉。而有的作品，与古人相比，或以传统模式加以衡量，就可知是自出心裁，对技巧的讲究，自不在话下。不论自觉或不自觉，从作品的客观实际看，韩愈的古文是相当注意写作技巧的。其中不少精彩之作，对技巧的运用达到了炉火纯青的地步。

布局多变

古人写文章，对于篇章布局的考虑往往是颇费心机的。韩愈当时虽然还未能见到这方面的专门的著作，但他饱读古书，当有许多感性的认识。与韩愈同时而略前的皎然，有诗论著作《诗式》，对诗的篇章布局有理论阐述与例释。虽然论的是诗，但诗文本来就有许多共同之处。这对于韩愈写作古文也当有所启发。从韩愈古文作品的实际看，他在篇章布局方面是颇具匠心的。

前面说过，碑志文是古文中已有固定程式的文体。它的程式的固定尤其表现在开头、结尾的处理上。大体上是开头述其人世系、名字、爵里，结尾交代卒葬年月、子孙之大略。韩愈所作的碑志文中，有相当多的篇什依照这种程式来写。但也有一些篇什能根据实际，加以变通，使得文章别开生面。例如《唐河中府法曹张君墓碣铭》是为张圆写的碑志文。其开头却是这样的：

> 有女奴抱婴儿来，致其主夫人之语，曰："妾，张圆之妻刘氏也。妾夫常语妾云：'吾常获私于夫子。'且曰：'夫子天下之名能文辞者，凡所言必传世行后。'今妾不幸，夫逢盗死途中，将以日月葬。妾重哀其生志不就，恐死遂沉泯，敢以其稚子汴见先生，将赐之铭，是其死不为辱，而名永长存，所以盖覆其遗胤子若孙。且死万一能有知，将不悼其不幸于土中矣！"又曰："妾夫在岭南时，尝疾病，泣语曰：'吾志非不如古人，吾才岂不如今人而至于是，而死于是邪！若尔吾哀，必求夫子铭，是尔与吾不朽也。'"愈既哭吊辞，遂叙次其族世名字事始终而铭曰……

韩愈的朋友张圆遇难，其妾氏让仆人带着幼子到汴州来请求韩愈为张圆写碑铭，说了一番很恳切动情的话。韩愈就以之为引子，而“铭”文其实还没有这段话长。显然，韩愈有意要突出这段话的内容，即突出张圆对他的信赖，张圆的怀才不遇与不幸。而这样的内容由张圆的妾氏口说出来，显得更为真实可信。但从碑志文的传统写法看，如此引之入志，实在有乖正体。韩愈正是这样不顾传统程式，自为变异，自有布局，而成新篇。

《故太学博士李君墓志铭》是为侄孙女婿李于写的碑志文。开头一段如下：

> 太学博士顿丘李于，余兄孙女婿也。年四十八，长庆三年正月五日卒。其月二十六日，穿其妻墓而合葬之，在某县某地。子三人，皆幼。

这是完全符合一般碑志文的写法的。但这仅仅是全文开头一小段（约占全文十分之一）。接着一小段（也约占全文十分之一）回顾李于服食丹药致死。以下便是一段议论：“余不知服食说自何世起，杀人不可计，而世慕尚之益至，此其惑也！”接下至全文结束的颇长篇幅就用来叙写他人（工部尚书归登、殿中御史李虚中、刑部尚书李逊、刑部侍郎李建、襄阳节度使工部尚书孟简、东川节度御史大夫卢坦、金吾将军李道古）服丹药致死的事实，并加以评论。这样写，已经超出了写李于墓志铭的范围，而完全出于韩愈批判道教炼丹蛊惑害人的需要。这样的布局安排，在古今碑志作品中是十分罕见的。

书、序之文的形式相对地说比较自由，韩愈这方面的名篇，也都在篇章结构上精心布置。请看《答吕毉山人书》。其首段如下：

> 愈白：惠书责以不能如信陵执辔者。夫信陵，战国公子，欲以取士声势倾天下而然耳。如仆者，自度若世无孔子，不当在弟子之列。以吾子始自山出，有朴茂之美意，恐未砻磨以世事。又自周后文弊，百子为书，各自名家，乱圣人之宗，后生习传，杂而不贯。故设问以观吾子：其已成熟乎，将以为友也；其未成熟乎，将以讲去其非而趋是耳。不如六国公子有市于道者也。

信一开篇就引出隐士吕毉来信中责备之言：没有像战国时的信陵君接待侯嬴那样来接待他。并就此言加以辨析，指出信陵君的礼贤下士是为了造声势，使天下人倾向他，佩服他。而我之所以接待后生，目的是讲习孔子及儒家之道。你之所以这样责备我，是因为你刚出山，还较纯朴，未经磨炼，涉世未深，经验不足。自周以后，儒道倾颓，不知你这方面的学问成熟了没有，成熟了，就把你当朋友；不成熟，就向你讲授“去非趋是”的道理。因为我不像战国公子那样把交友当买卖。

看来，吕翳山人来访与来信的目的是韩愈举荐他。所以，文章紧接着道：

> 方今天下入仕，惟以进士、明经及卿大夫之世耳。其人率皆习熟时俗，工于语言，识形势，善候人主意。故天下靡靡，日入于衰坏，恐不复振起。务欲进足下趋死不顾利害去就之人于朝，以争救之耳。非谓当今公卿间无足下辈文学知识也。不得以信陵比。

这里非常明确地对吕翳说：官场风气日益衰败，所以我要推荐像你这样敢于献身、不顾利害关系的人去朝廷，向皇帝谏诤，以挽救这种局面。这不是说当朝大官就没有像你这样有学问。你不能拿信陵君来和我比。

韩愈是否真的要推荐他呢？是的。文章最后写道：

> 然足下衣破衣，系麻鞋，率然叩吾门；吾待足下，虽未

尽宾主之道，不可谓无意者。足下行天下，得此于人盖寡，乃遂能责不足于我，此真仆所汲汲求者。议虽未中节，其不肯阿曲以事人者，灼灼明矣。方将坐足下三浴而三熏之，听仆之所为，少安无躁。

韩愈认为，对于吕蠹的突然到来，接待虽未尽宾主之道，但不能说没有情义。韩愈设身处地说，你到处走，也很少能有人以宾主之道接待你的，而你却能责备我，这真是我所希望的。虽然说得不甚中肯，但你不肯巴结逢迎人的品格，却是非常明显的。正因此，韩愈要真正以厚礼接待他，回信要他等待，不要急躁。

这封信的布局之妙在于先辨明自己接待后生的原则和目的，再向对方表明态度：既虚心接受对方的批评，又指出他批评中的不确之处，还愿意以对他的厚礼相待来表示自己的诚意。这样层层叙说，既坦诚，又有礼貌，可以令对方心悦诚服。

再看《送董邵南序》，全文如下：

燕赵古称多感慨悲歌之士。董生举进士，连不得志于有司，怀抱利器，郁郁适兹土，吾知其必有合也。董生勉乎哉！夫以子之不遇时，苟慕义强仁者皆爱惜焉，矧燕赵之士出乎其性者哉？然吾尝闻风俗与化移易，吾恶知其今不异于古所云邪？聊以吾子之行卜之也。董生勉乎哉！吾因子有所感矣，为我吊望诸君之墓，而观于其市复有昔时屠狗者乎？为我谢曰：明天子在上，可以出而仕矣！

董邵南是韩愈结交的年轻的朋友，由于多次应举落第，不得已要到当时独立势力很强的河北三镇（古时属燕赵之地）去寻找出路，韩愈为他送行写序，心中充满矛盾。从感情上说，他同情董邵南的处境：既然在京得不到当权者的吸纳，另找出路是可以理解，也必须支持的。但河北三镇节度使正在扩张势力，与中央抗衡。韩愈向来主张国家统一，反对地方势力割据。因此，从理智上说，对于董邵南选择的道路他又是不该支持的。面对这种情况，韩愈却能在短篇序文中，巧作安排。开头破空而来，先称赞古时的燕赵多感慨悲歌之士。然后联系董生此行，就说“必有合也”，并笔带感情地说“董生勉乎哉！”表示对董生此行的安慰和勉励。还再次强调燕赵之士不仅是“慕义强仁”而已，还具有英雄的本性。接着，笔锋一转，非常婉转而又合情合理地说：时代变了，风俗也跟着变了。怎知现在那里的情况不异于古时？你姑且去试试看吧。这里又说了一句“董生勉乎哉”，话语中夹带着担忧和惋惜。尔后，又笔锋一折，说你既然去那里，我就请你为我去凭吊望诸君的坟墓，还看看有没有古时的义士在，如果有，可以对他们说：如今圣明的天子在上，可以出来做官报效国家了。望诸君是战国时乐毅的封号。乐毅原是燕昭王的大将，曾带兵破齐七十余城，但昭王死，惠王即位，听信谗言，疏远乐毅，乐毅逃奔赵国，赵王封他为望诸君。他的坟墓在邯郸市西南。屠狗指与荆轲交友的豪杰义士。这最后的文意就等于规劝董邵南不要去，不过说得极其巧妙罢了。全文一波三折，欲吐未吐，未说已说，这真是精心结撰的妙文，其妙处除了靠话语的含蓄婉转之外，主要就靠布局的精巧。

小说笔法

在中国古代，小说一直都不能登上文学的殿堂。虽然它早已产生并在不断地发展，但直到明代文体论的集大成之作——吴讷的《文章辨体》和徐师曾的《文体明辨》都还把它排除在外。小说作为一种文体，只是在近代以来才引起人们的普遍重视，在韩愈那个时代，还是受许多文人鄙视的。

但韩愈却例外。他虽然没有像样的关于小说的理论，在他的认识中，小说作品也不过是供人游戏而已，只不过它比之供人消遣的酒色来要好就是了——这是他在汴州当幕僚时写的《答张籍书》所说的意思。以当时人们讥笑他好为“无实驳杂之说”看来，他当已写了不少这类作品，可惜并无流传下来。现存韩愈文集中的这类文字都是此后写的，数量也并不多。这是韩愈后来观念有所改变呢？还是文集的编纂者有意给予摒除呢？不得而知。

不管怎样，韩愈写了一些可被后人称为小说的文章，又在散文作品中用上了小说笔法。这却是值得我们重视的。

这里所谓小说笔法，是指在文章中运用小说的虚构的方法。小说的构成因素主要是故事情节、人物形象、环境三者。这在史传文学作品中本来也是常常见到的，但在一般的散文中却不是必要的因素。小说作品与史传文学的重要区别在于小说可以虚构，甚至必须有所虚构（即艺术创造），而史传作品却以历史真实和生活真实为生命。但为了使所写的散文别开生面，在坚持真实原则的前提下，在史传文学中吸收小说的写作方法，能收到很好的艺术效果，这已为韩愈之前的文人实践所证明。而在韩愈的古文写作中，则除了史传作品（如《张中丞传后叙》等）之外，在其他的散文作品中也有意地使用上了小说笔法。

最引人惊异的是，韩愈在人们认为格式比较凝固、程式已成传统的碑志文中，使用了小说笔法。例如：

《试大理评事王君墓志铭》写王适，开头就用亦评亦叙的方法，写他是一个不同凡俗的男子："好读书，怀奇负气，不肯随人后举选。"认为功业和名节有许多路可取得，何必非要走应举考试的路呢？但自己又没什么资格地位，不易冒尖，不得已去干谒权贵。而权贵们都是喜欢花言巧语、谄媚逢迎的人，不喜欢听生硬难听的话，所以见了他一次，就都告诫看门人，下回别让他进来。接着写：

> 上初即位，以四科募天下士，君笑曰："此非吾时邪！"即提所作书，缘道歌吟，趋直言试。既至，对语惊人，不中第，益困。

这里，记述了人物的形态语言，使人物形象栩栩如生。接着，继续叙述他的经历，说他被将军李惟简看中，罗致门下。这时节度使卢从史想背叛朝廷，也在罗致人才，便派人来聘他。他说："狂子不足以共事。"马上谢绝来人。由此李惟简更看重他。他在李惟简手下任官，做了一些有利于人民的事。后来带着妻子入山隐居不出，不久病死。上述这些基本情况的叙写，已经表现了王适为人的大节。在那种社会环境中，他的所作所为被认为与世俗不同，这就突出了他的"奇"处。在这个基础上，下文笔锋一转，用大段的文字描写他当初娶妻的经过：

> 初，处士（侯高）将嫁其女，惩曰："吾以龃龉穷，一女怜之，必嫁官人，不以与凡子。"君（王适）曰："吾求妇氏久

> 矣，惟此翁可人意，且闻其女贤，不可以失。”即谩谓媒妪：“吾明经及第，且选，即官人。侯翁女幸嫁，若能令翁许我，请进百金为妪谢。”诺许，白翁，翁曰：“诚官人耶？取文书来。”君计穷吐实。妪曰：“无苦，翁大人，不疑人欺我，得一卷书粗若告身者，我袖以往，翁见，未必取视，幸而听我。”行其谋。翁望见文书衔袖，果信不疑，曰：“足矣。”以女与王氏。……

这样写，进一步突出王适是个“奇男子”这一点。故事情节颇生动，处士的穷欲思变和老实受骗，媒妪的贪财和计谋，王适先说假话，后说真话，最后在媒妪的哄骗下同意共同作假。人物形象活灵活现，当时的婚嫁习俗等社会环境也得到一定程度的表现。这样写，尽管近代曾国藩认为，以蔡邕的碑文律之，已失古意。但正是这“失古意”，这小说笔法，才令人耳目一新。

《国子助教河东薛君墓志铭》是写薛公达的。薛是韩愈元和初年在东都国子监任博士时的同僚。韩愈为之作墓志铭也突出他倜傥不群的性格。请看：

> 君少气高，为文有气力，务出于奇，以不同俗为主。始举进士，不与先辈揖，作《胡马》及《圜丘》诗，京师人未见

其书，皆口相传以熟。及擢第，补家令主簿，佐凤翔军。军帅武人，君为作书奏，读不识句，传一幕以为笑，不为变。后九月九日大会射，设标的，高出百数十尺，令曰：中，酬锦与金若干。一军尽射，莫能中。君执弓，腰二矢，指一矢以兴，揖其帅曰："请以为公欢。"遂适射所，一座皆起，随之。射三发，连三中，的坏不可复射。中辄一军大呼以笑，连三大呼笑，帅益不喜，即自免去。后佐河阳军，任事去害兴利，功为多。拜协律郎，益弃奇，与人为同。今天子修太学官，有公卿言，诏拜国子助教，分教东都生。

开始举其"务出于奇"，最后称其"弃奇，与人为同"，中间对他的美言只是"任事去害兴利，功为多"二句，没有具体事例。看来这应是符合薛公达的实际的。韩愈在《祭薛助教文》中说到"奈何永违，只隔数晨；笑语为别，恸苦来门"。就知道几天之前与他见面时，他还谈笑风生。由于他的官职不高，难以有什么大的作为，所以对他的政绩只好要言不烦，一带而过，而对于他的为人性格却不放过，尽力描写。上述这段文字对全军射箭比赛的场面作了细腻的刻画，表现了士兵的群体形象，主帅的个体形象，尤其是表现了薛公达的"奇"技与"奇"情。

上引二文虽用上了小说笔法，但没有违反史传、碑志写作的真实原则。只不过它不受传统的凝固模式的束缚而已。

上述这种碑文写法在文章史上是前无先例的。这是韩愈的独创。而类似碑文性质的厅壁记虽然并无固定的格式，但由于它是置于大庭广众之中，因而除了要求将被记载的亭台楼阁的有关资料加以记述之外，其他的抒情、议论都得顺理成章，让人可以接受。在这方面，韩愈又有了例外。试看他的《蓝田县丞厅壁记》。

《记》的开头说：丞是县令的副手，对于县里的事是没有不当过问的。而县丞之下的县吏（主簿、尉）则各有专职。但是县丞的职位又容易侵犯县令的权力，因此，为了避免擅权之嫌，对于公事历来是不置可否的。县吏明白这种情况，就轻视县丞，而大弄权术：

> 文书行，吏抱成案诣丞，卷其前，钳以左手，右手摘纸尾，雁鹜行以进，平立睨丞曰："当署！"丞涉笔占位署，惟谨，目吏，问"可不可"，吏曰"得"，则退，不敢略省，漫不知何事。

接着再写崔斯立被贬来蓝田当县尉，经历了一段如上所写的官场生活之后，非常感慨地说：

丞哉，丞哉！余不负丞，而丞负余。

说的是县丞这个职位辜负了他，实质上是揭露了官场上的歪风。写完了上述这些之后，才将修缮厅壁的事略作交代。而其中又带出了崔斯立为官无事可干，只好种树吟诗，将吟诗当作公事的现状。

曾国藩说：此文“纯用戏谑，而怜才共命之意，沉痛处自在言外”。

像这样的厅壁记也是非常特别的。其中对县吏的行止口吻的描写言简意深，入木三分。这明显运用了小说笔法。

其实，韩愈的古文中何止是使用了小说笔法，他还学习当时已经颇为发达的传奇（后人称为唐人小说）创作，写了一些可称为小说的文章。这在韩愈文集中，有《毛颖传》《送穷文》等。

《毛颖传》写毛笔的故事。通过想象，把毛笔拟人化——是一个有名有姓（姓名就叫毛颖）、有来历的人，通篇就从毛颖的祖先、毛颖的出生、籍贯写起，直写到他被秦皇俘获，被秦皇宠幸、任用以至遗弃的经历。最后还仿史书笔法，庄重地写了一段“太史公曰”，表达自己对毛颖平生际遇的感慨。韩愈在这篇奇文中，用上了古籍里有关兔子的神话传说、现实故事，与社会历史联系的事实，抓住毛笔这一书写工具的特点，按人情之常加以合理想象和夸张，把故事敷衍得有声有色，引人入胜。如写毛颖为秦皇所重用与遗弃的一段：

……累拜中书令，与上益狎，上尝呼为“中书君”。上亲决事，以衡石自程，虽官人不得立左右，独颖与执烛者常侍。上休方罢，颖与绛人陈玄（墨）、弘农陶泓（砚）及会稽褚先生（纸）友善，相推致，其出处必偕。上召颖，三人者，不待诏辄俱往，上未尝怪焉。后因进见，上将有任使，拂拭之，因免冠谢。上见其发秃，又所摹画不能称上意，上嘻笑曰：“中书君老而秃，不任吾用。吾尝谓君中书，君今不中书邪？”对曰：“臣所谓尽心者。”因不复召，归封邑，终于管城。

这是全文最重要的一段。向来有人认为这里寄托着韩愈对当朝老官僚老而无用的嘲讽。也有人认为这里讽刺的是当权者的刻薄寡恩。看来，二者都不为无据。“不中书”而仍随侍左右，是无自知之明。这当为韩愈所不取。而对有功之臣，因老而见疏，则是少德寡恩，也为韩愈所不满。但从全文看，似应以后者为主。因为文章的结束语是：“颖始以俘见，卒见任使，秦之灭诸侯，颖与有功，赏不酬劳，以老见疏，秦真少恩哉！”

韩愈的《毛颖传》曾受到他同时代人的不同评价。有人面对此文，“独大笑以为怪”。而柳宗元读之则认为，“若捕龙蛇，搏虎豹，急与之角而力不敢暇”（《读韩愈所著〈毛颖传〉后题》）。不同的评价，均由于它不同于一般的人物传记。它是有感于时俗、身世而凭空结撰的奇文。

《送穷文》是韩愈借穷鬼来发泄牢骚的文章。开头写主人按民间的习惯，使人扎了柳车草船，备了干粮，做好了送走穷鬼的准备，然后三揖穷鬼，对它们说，听说你们要“携朋挈俦，去故就新”，就来送行。接着写静听穷鬼答语时的感受：

> 屏息潜听，如闻音声；若啸若啼，砉欻嘎嘤。毛发尽竖，竦肩缩颈。疑有而无，久乃可明。

此处的如闻鬼声的描写，与街谈巷议的传闻毫无二致。而鬼的答语申辩竟是出人意外。它说：我与你同居四十多年，从不愚弄你，只是听从你；我受到你的门神的呵斥，也包羞忍耻，与你相随，没有二心。你被贬南方，那里暑气蒸人，我跟着你也受尽百鬼欺负。你在太学任博士四年，穷极困极，别人嫌弃你，我却保护你。总之，我自始至终，未尝背叛你，没有想过另谋出路，你听说我要离开这里，这一定是听信谗言。我其实只是单独一身，你说我

“携朋挈俦”，那你说说我有多少个朋友？

经这么一问，主人应之而指出：你们一共有五个，各有各的主张，使我开口动手就错；又各有名字，叫智穷、学穷、文穷、命穷、交穷。你们使我饥寒交迫，让人给我编造谣言和坏话，又不讲廉耻，赖着不走——

> 言未毕，五鬼相与张眼吐舌，跳踉偃仆，抵掌顿脚，失笑相顾。

它们对主人说：赶我们走，是小处聪明，大处愚蠢。我们和你在一起，为你树立了声名，这声名百世不灭。只有与世乖张，才能与天意相通。天下没有谁比我们更了解你，我们不忍心离开你。如果你认为我们的话不可靠，你可以到《诗》《书》中去找答案。

既然如此，主人只好把穷鬼请进上座——送穷鬼，其实并未送走，还得与之长此以往相处下去。

这篇文章模仿扬雄《逐贫赋》，在语言上除开头、结尾外，主要是用四言韵文。由于整个写法小说化了，出现了曲折有趣的情节，细节描写也细腻生动，因此全文富于艺术魅力。

韩愈不列入唐代小说作家的行列，但上述两篇作品有人却以小说看待。即使不当它是小说，它起码是采用了小说笔法。

巧于修辞

《易经》说:“修辞立其诚。”自古以来，凡是使用文字来表达思想感情的，无不致力“修辞”，使意思表达得真切、可靠、动人。韩愈是古文写作的大家，对于文章的修辞有许多成功的例子。广义地说，上文所说的文章布局也属于修辞的范围。但人们习惯上把修辞当成是运用语言的手法，就这方面说，韩愈的文章是一个藏量颇丰的宝库。古文中最常用的修辞方法如比喻、排偶、对比、衬托、顶真、互文等等，韩愈都用得多而好。其中，最使文章具有气势的是排偶，最使文章具有文学色彩的是比喻。排偶，在前面已经说及，这里着重说说比喻。

比喻是最古老的修辞技巧之一。先秦著作中，巧用比喻收到较好效果的例子比比皆是。韩愈的文章中也大量使用比喻，使抽象的道理形象化，使事物的本质更好理解，使作品更具文学色彩。在这方面，韩愈确是一流的手笔。在他的文章中，有单一的精彩的比喻，有连续的具有气势的博喻;有实在的比喻，有虚拟的比喻;有篇中个别的比喻，有全篇整体的比喻。韩愈视情况的需要，驾轻就熟地加以运用。

全篇整体的比喻，这是从先秦寓言发展而来的。先秦著作中，为了说理的需要，常常借助于寓言故事。但那些寓言故事并不是独立的文章，而是依附于篇中的说理部分而存在。韩愈的文章借鉴这种写作技巧，又有了新的创造：所写的寓言故事是独立的篇章，用来比喻某个事理，说明某个问题。《杂说（四）》就是最典型一例。

在《战国策·楚四》中，汗明干谒春申君时，就说了一个关于骥（千里马）的故事。汗明认为自己有才能，而屈身于魏梁，于是去干谒楚国的春申君，编了关于骥的遭遇的故事来暗示春申君荐拔他，以改变他的处境。行文如下：

> 君亦闻骥乎？夫骥之齿至矣，服盐车而上太行，蹄申膝折，尾湛胕溃，漉汁洒地，白汗交流，中阪迁延，负辕不能上。伯乐遭之，下车攀而哭之，解纻衣以幂之。骥于是俯而喷，仰而鸣，声达于天，若出金石声者，何也？彼见伯乐之知己也。今仆之不肖，阨于州部，堀穴穷巷，沉污鄙俗之日久矣，君独无意湔拔仆也，使得为君高鸣屈于梁乎？

从这段文字可见，“骥”作为寓言故事并不是独立存在而是附着于汗明的干谒游说之中。韩愈接过这个故事，用来比喻关于人才问题，就加上了自己的创造。《杂说（四）》的全文如下：

世有伯乐然后有千里马。千里马常有，而伯乐不常有；故虽有名马，只辱于奴隶人之手，骈死于槽枥之间，不以千里称也。马之千里者，一食或尽粟一石，食马者，不知其能千里而食也；是马也，虽有千里之能，食不饱，力不足，才美不外见，且欲与常马等不可得，安求其能千里也！策之不以其道，食之不能尽其材，鸣之而不能通其意，执策而临之曰："天下无马。"呜呼！其真无马邪？其真不知马也！

这已不是附着于说理的文章的一部分，而是一篇完整的文章，一个完整的寓言故事。韩愈是用全篇整体的比喻来说明一个重要的社会问题的。其中的千里马比喻有才能的人，伯乐比喻善于发现人才、爱惜人才的人。文章前面比喻人才有赖于识才者的发现，中间比喻怀才者的不堪境遇（得不到应有的待遇而不能充分表现自己的才能），后面则比喻用人者的不识人和不善用人。

知人善任，人尽其才，这是古今社会常议常新的问题。韩愈并不以论说的形式来议论这个问题，而是采用寓言的形式，即全篇整体的比喻来表达自己的意见。这样与纯理论的表达相比，饶有文学趣味。

上述的比喻，喻体故事来自现实生活，实有其事。而有时为了需要，韩愈还合理地虚构喻体故事，使比喻出现另一种形态。

如《杂说(一)》:

龙嘘气成云，云固弗灵于龙也；然龙乘是气，茫洋穷乎玄间，薄日月，伏光景，感震电，神变化，水下土，汩陵谷：云亦灵怪矣哉！云，龙之所能使为灵也，若龙之灵，则非云之所能使为灵也。然龙弗得云，无以神其灵矣：失其所凭依，信不可欤？异哉！其所凭依，乃其所自为也。

林云铭《韩文起》(卷八)云:“此以龙喻君，以云喻臣，重在君能得臣上立论。”把这当作历来常见的论说君臣遇合的寓言。而钱基博《韩愈志》则认为另有别解:“龙喻英雄，云喻时势”，“英雄能造时势，时势不造英雄”，“策励英雄之自造时势”。还有其他的见解，不一而足。显然，这篇寓言之所以会产生多义性的客观效果，与故事纯属虚构有关。虽然龙与云的关系，在《易经》中已有说及，但龙到底是何物，古今都未说清楚，也没有人真正见过所谓的“龙”。但这并不妨碍这篇文章的存在和流传。相反，人们还称赞韩愈的善于设喻。

类似的还有《送温处士赴河阳军序》开篇一段:“伯乐一过冀北之野，而马群遂空……”那也是属于合理的虚构，只不过它仅仅作为篇中一喻而已，不是整体的比喻，不是完整的寓言。

当然，韩愈文集中所用的比喻大多数是个别事象的比喻。韩愈在这方面表现出极其灵活的技巧，使得文章因此而生色不少。请看例子：

> 太原王埙示予所为文，好举孟子之所道者；与之言，信悦孟子而屡赞其文辞。夫沿河而下，苟不止，虽有迟疾，必至于海；如不得其道，虽疾不止，终莫幸而至焉。故学者必慎其所道，道于杨墨老庄佛之学，而欲之圣人之道，犹航断港绝潢以望至于海也；故求观圣人之道，必自孟子始。今埙之所由，既几于知道；如又得其船与楫，知沿而不止，呜呼，其可量也哉！（《送王秀才序》）

这段文字中的比喻有：用沿河至海须有正道（道路）来比喻学者要学孟子才能得观圣人之道（理论），用航行于断港绝潢（而不能至于海）比喻沉溺于杨墨老庄佛之学（而不能得圣人之道）。用已知道（航道），再得船与楫（合适的航行工具），沿流不止，比喻王埙学习孟子，希望他有好的学习方法，并不停地努力。

在《太学生何蕃传》中，韩愈用水之处下位来比喻何蕃所处的地位及其作用：

> 蓄之居下，其可以施于人者不流也。譬之水，其为泽，不为川乎！川者高，泽者卑，高者流，卑者止，是故蓄之仁义，充诸心，行诸太学，积者多，施者不遐也。

泽，指沼泽，湖泊；川，即河流。河流在高处，是活水，沼泽在低处，是死水。何蕃虽有仁义之举，却因地位低下，影响所及，只在太学之内，而不广远。对此韩愈深表同情与惋惜。

在《送石处士序》中，韩愈用下列事物来比喻石处士的智慧、见识和口才：

> 与之语道理，辨古今事当否，论人高下，事后当成败，若河决下流而东注，若驷马驾轻车就熟路，而王良、造父为之先后也，若烛照数计而龟卜也。

这里，用以比喻的喻体有黄河决堤东流、良驭驾车、烛照幽隐、计数准确、龟卜先知五个事物。用五个事物来比喻议论的流畅、纯熟、有预见，比一般的单个比喻更有气势，更具有说服力。这是博喻。

在《韦侍讲盛山十二诗序》中，韩愈用下列事物来比喻儒者对待患难的态度：

> 夫儒者之于患难，苟非其自取之，其拒而不受于怀也，若筑河堤以障屋霤；其容而消之也，若水之于海，冰之于夏日；其玩而忘之以文辞也，若奏金石以破蟋蟀之鸣、虫飞之声……

说不把患难放在心上，若“筑河堤以障屋霤（屋檐水）”（屋檐水从上往下泻，比喻急流）；说对于患难既能容忍，如大海能容水，又能很快淡忘，若冰在夏日消融；说用作诗作文娱乐自己以忘记患难，若弹奏乐曲，以美妙的乐音驱散和淹没蟋蟀与飞虫的声音。这也是博喻，虽然就“拒”“容”“玩而忘”等分别作出比喻，但都是共同用来比喻对患难的态度的。

在韩愈的文章中，比喻之多几乎到了俯拾即是的地步，比喻运用的巧妙也令人折服。一般地说，比喻总是用形象的、具体的事物来表现抽象的、难懂的事物，以达到鲜明、生动的效果。但有时也有例外。韩愈就有个别的地方恰恰反其道而行之，也达到了同样的效果。例如《张中丞传后叙》写许远：

> 远宽厚长者，貌如其心。

这“貌如其心”就是用抽象的事物来比喻形象但并未为读者所知的事物。因为首句写的是许远心胸宽阔厚道，因而“貌如其心”一句就令人想象到他的相貌是面容宽阔，给人以慈祥的印象。但毕竟“心胸宽阔厚道”本身就是摸不着、见不到的，是抽象的形容。因此“貌如其心”的比喻就不合比喻的常规。但韩愈如此使用却又令人可以理会，这也足见其运用技巧之高明。此后，有些文人也有这样使用的，如秦观《浣溪沙》：“自在飞花轻似梦，无边丝雨细如愁。”就是用抽象的“梦”“愁”来比喻“自在飞花”“无边丝雨”。

十五　诗歌风貌

韩愈不仅是著名的古文写作大家，而且是中唐著名的诗人。

唐代赵璘《因话录》（卷三）中记载："韩公文至高，孟长于五言，时号孟诗韩笔。"六朝人把有韵的作品称为文，无韵的作品称为笔。"孟诗韩笔"即指孟郊的诗和韩愈的散文。孟郊与韩愈是好朋友，他们的诗在风格上有许多相似之处，以他们为中心在当时诗坛上形成了"韩孟诗派"，但韩愈毕竟文名卓著，所以人们便多提及他的文，而将诗名给了孟郊。实际上，"韩孟诗派"中，成绩最大、最有影响的还是韩愈。

韩愈存诗近四百首，内容丰富，形式多样，有独特的风格，不仅在中唐诗坛上有重要的地位，而且对后代诗坛产生了颇大的影响。他的诗歌创作风貌值得研究。

以下从四个方面加以探讨。

（一）对诗歌功能的认识与诗歌创作的态度

有唐开国近二百年来，散文未能摆脱骈文的怪圈。韩愈"锐意钻研，欲自振于一代”，“成一家新语”（《旧唐书》本传），成为散文史上“文起八代之衰”的功臣。而诗歌却已经历了盛唐阶段，李杜作为诗坛上的双子星座，令人叹为观止。韩愈与同时代一些诗人面对这难以逾越的高峰，都在思考如何继承与创新，并在实践中迈开另辟蹊径的步伐。

为什么写诗？诗歌有什么功能？这应该是韩愈和他同时代的作者都曾考虑过的问题。但从文献资料看，却并非每个作者都对此有过深思熟虑。

白居易是与韩愈同时代的很有代表性的诗人。他对诗歌的功能就有很明确、很自觉的认识，他对儒家的诗学观做了通俗化的解释，提出了“文章合为时而著，歌诗合为事而作”的主张，认为诗歌应“为君为臣为民为物为事而作”，力求“救济人病，裨补时阙”。为了达到这个目的，他还主张把诗歌尽量写得通俗易懂。他在这种认识的指导下写了《秦中吟》和《新乐府》，成为中唐时期敢于干预生活的重要诗人，成为当时通俗诗派的主将。

韩愈则不同，他不盲从汉代以来对儒家诗学观的解释，不附和关于诗的政教功用，而认为诗与文不同，文是为了“明道”“扶树教道”而作，也是“不平之鸣”的产物，而诗则用以“舒忧娱悲”而已（《上兵部李侍郎书》）。就是说，诗是抒写个人感情的，它不须负载过多的社会功能。在这个问题上，韩愈仿佛忘记了文章是“经国之大业，不朽之盛事”（曹丕《典论·论文》）的名言，而说出了“多情怀酒伴，余事作诗人”（《和席八十二韵》）这样的话。好像他对于写诗一事，并不太看重。同时，对于诗歌的写作，他也不主张遵从传统，以正人君子的严肃面孔出现，而认为可以随俗所好。当时的习俗，据李肇《国史补》载：“贞元之风尚荡，元和之风尚怪。”由此，韩愈认为可以在诗篇之中“杂以瑰怪之言”，以适应“时俗之好”（《上兵部李侍郎书》）。这其中，当然还有另一种潜意识存在，这就是以自己的诗篇获得时俗的称赞，从中表现自己的学识才干。

韩愈的这种主张和认识，与他的一班诗友有共通之处。

孟郊说：“文章者，贤人之心气也，心气乐则文章正；心气非则文章不正。”而“心气之悲乐，亦不由贤人，由于时故”（《送任载、齐古二秀才自洞庭游宣城》诗序）。这就是说，诗歌受个人感情的支配，而个人感情与时代社会有关。

由于文献阙如，卢仝、刘叉、贾岛、李贺等人关于诗歌的理论主张不得而知。但有一点是很清楚的，这就是与韩愈相比，他们从时代社会那里感受到的压抑要大得多。他们更加觉得自己的才能无处施展，因而都用诗来加以宣泄，并且自觉不自觉地苦心经营，把写出奇特动人、为人称赞的诗篇作为自我价值的体现。他们作诗成癖，认为“有文死更香，无文生亦腥”（孟郊《吊卢殷》)，到了“一日不作诗，心源如废井”(贾岛《戏赠友人》)的地步。

韩愈的经历和处境与孟郊等人不一样，他没有把作诗看作生活的头等大事。正如他所说的“多情怀酒伴，余事作诗人”，他写起诗来要潇洒得多。而从现存韩诗数量看，他写的诗并不少，从许多诗篇的刻意雕琢看，他写诗也不能说不认真，有的诗还可以看到明显的苦心经营的痕迹。所以，这两句话不过是用漫不经心的口吻，来掩盖他在诗歌创作中可能出现的不成熟的尝试，或者暗示他对于创新诗歌其实并未耗费多少精力，以显示自己才力的丰足过人。其实，韩愈和他的诗友一样，和文学史上所有的大诗人一样，也为写诗付出了辛勤的努力。

(二)诗歌的基本内容

《新唐书·杜甫传》:“昌黎韩愈于文章慎许可，至诗歌独推李杜。”事实正是如此。虽然他也说过“国朝盛文章，子昂始高蹈”(《荐士》)，但最为推崇的还是李白和杜甫：

李杜文章在，光焰万丈长。不知群儿愚，那用故谤伤？蚍蜉撼大树，可笑不自量。伊我生其后，举颈遥相望。……(《调张籍》)

对当朝的诗人，他只称许孟郊，说孟郊有才华，所写的诗歌苍劲有力，又通顺妥帖。

韩愈推崇李杜，但从所写的诗歌看，却不像杜甫那样把诗歌当作社会现实的镜子，也不像李白那样在诗歌中反复抒写自己的人生理想与愿望。他称许孟郊，但也不像孟郊那样在诗中一再表现自己的穷困和潦倒。他依据自己对诗歌功用的理解来写诗，把诗歌当作自己心路历程的记载，在表现自己心路历程中，一定程度上自然而然地反映了社会现实。

李白领略过唐朝的鼎盛风貌，对国家、对自己的前途充满信心，大半生为实现自己的宏伟抱负载歌载吟，用诗歌唱出了时代的最强音。而韩愈却不同，与李白相类似的这方面的内容只在文章中表达，在诗歌中却噤而不语。

杜甫经历安史之乱，写了“三吏”“三别”等名篇，其诗有“诗史”之誉。韩愈也经历了军阀混乱，经历了变革斗争，但韩愈无意为此写诗，无意以诗去表现这些史实。所以专以之为题材的《汴州乱二首》《元和圣德诗》《丰陵行》等几篇诗其实并没有写好，与“镜子”或“诗史”还相去太远。

韩愈和他的同时代的诗友一样，用诗歌写自己的喜怒哀乐。而自己的喜怒哀乐其实主要地是由社会现实引起的，因而作品也不同程度地表现了社会现实。有的作品做到了抒情与纪实有机地结合。但从作者主观意图看，抒写自己的心路历程才是主要的。这是韩愈和他的诗友所形成的韩孟诗派诗歌与李杜不同之处，也是韩孟诗派与元白诗派不同之处。

从现存韩愈诗集看，他应考求官以来，年年有诗。从他的编年诗中大体可以窥见他的心路历程。我们在前面阐述他的生平经历中已引用了他的不少诗篇。这里我们不妨对他的诗作加以归类，看看他几百首诗到底是写的什么。

1. 写自己经历过的动乱、灾难等事实，记录自己对这些事实的感想、评判、忧戚、欢乐。着眼点不在表现这些社会现实，因而没有哪篇作品对哪个重大事件做全面详细的记述，但却分明以当时的重大社会事件为背景，写出了自己或被迫受其裹挟，或主动参与其中，或受益或受损的客观情况，特别是写出了自己对待事件的爱憎态度，从而表达了一定的政治立场，表现了作为一个知识分子在现实生活中的感受。这一点曾被有的人认为是韩愈诗歌现实主义的主要依据。相对于其他内容的诗篇而言，这类作品与现实政治斗争较为靠近。这类作品的代表作是：元和十二年（817）随裴度平定淮西的过程所写的十多首诗；长庆二年（822）奉使宣慰镇州所写的几首诗；当幕僚时所写的《汴州乱二首》《归彭城》等作品。就总的说，这类作品的数量并不多，但因为是亲身经历，有感而发，有的篇章写得相当动人。

最脍炙人口的要算平淮西之作。这是韩愈生平最辉煌时期的诗作。前面已有较多引述，这里不再重复。此外，还有如《汴州乱二首》(其一)：

汴州城门朝不开，天狗堕地声如雷。健儿争夸杀留后，连屋累栋烧成灰。诸侯咫尺不能救，孤士何者自兴哀？

迷信的传说是，天狗星堕地，就意味着有破军杀将的大事要发生。诗中正是用此来交代军阀内讧的发生。“孤士”句暗示诸侯专横跋扈，结果祸及自己，正是咎由自取。《归彭城》：

前年关中旱，闾井多死饥。去岁东郡水，生民为流尸。……我欲进短策，无由至彤墀。刳肝以为纸，沥血以书辞。……

《赴江陵途中寄赠王二十补阙、李十一拾遗、李二十六员外翰林三学士》有一段写道：

是年京师旱，田亩少所收。上怜民无食，征赋半已休。有司恤经费，未免烦征求。富者既云急，贫者固已流。传闻闾里间，赤子弃渠沟。持男易斗粟，掉臂莫肯酬。我时出衢路，饿者何其稠。亲逢道边死，伫立久咿嚘。归舍不能食，有如鱼中钩……

这些诗，作者对时局的忧虑，对藩镇割据的憎恨，对生民罹祸的同情，以及自己无由为国效忠的心情都得到了真实的表达。

2.写自己应考、出仕、谋生的经历，着重表现怀才不遇和不合理被贬的不满情绪。这类诗作较多，最突出的是两次南行诗：一次是被贬阳山之作，一次是被贬潮州之作。这类诗是后人了解韩愈生平思想的重要材料。这里着重要说的有两点：

第一，这类诗在一定程度上表现了韩愈复杂的性格和情趣。他不能不走那个时代为他这类知识分子所设计的人生道路：应举求官出仕、在仕途上升沉起落，承受着屈辱、痛苦、悲戚，有时也为名利的实现而自得其乐。他遭挫折之时，也曾想过并说过要拂手而去，归隐山林，但始终没有成行。因为他毕竟不同于陶渊明，也不同于李白。在奉儒守官这一点上他更像杜甫。这在他这些诗中有很充分的表现。例如他被贬阳山遇赦调回，在岳阳楼遇到窦庠，有诗抒情说：

庶从今日后，粗识得与丧。事多改前好，趣有获新尚。

誓耕十亩田，不取万乘相。细君知蚕织，稚子已能饷。行当挂其冠，生死君一访。（《岳阳楼别窦司直》）

这岂不是有点“觉今是而昨非”的味道吗？“挂冠”归田，自食其力，妻子养蚕织布，幼子送饭到田头，享受农家天伦之乐，这想法是真的，但并未付之行动。在被贬潮州的路上，桂林的朋友裴行立派元集虚给他送来医药书籍，使他大喜过望。他这时非常希望此次被贬之后，能有东山再起之日：

不知四罪地，岂有再起辰？（《赠别元十八协律六首》其四）

“四罪”指尧流放共工等四位罪臣，韩愈以此自比。说到底，当官就是韩愈谋生的手段，也是他实现儒家教诲、实现自身价值的手段。因此，他清高不得，也因此而终身不得安宁。

第二，韩愈在这类诗中有描写地方风光的篇什。流连江山胜景，从中陶冶情性，获取快乐，这是我国古代诗人失意时的安慰剂。诗人们还由此得“江山之助”，所写作品格外精彩。韩愈诗集中极少写景诗，而在两次南行诗中却有一些颇好的写景诗。如：

江盘峡束春湍豪，雷风战斗鱼龙逃。悬流轰轰射水府，一泻百里翻云涛。漂船摆石万瓦裂，咫尺性命轻鸿毛。（《贞女峡》）

今日是何朝？天晴物色饶。落英千尺堕，游丝百丈飘。泄乳交岩脉，悬流揭浪标。无心思岭北，猿鸟莫相撩。（《次同冠峡》）

这是南下阳山时写的诗。前者写出了从连州到阳山之间的贞女峡的雄奇壮丽景色。后者写出了阳山同冠峡优美和谐、清幽宜人的景象。前者是在贬途中所见所历的景象，包含着淡淡的哀愁，雄奇与担忧结伴而生。后者是在阳山安定下来之后游山玩水之作，也无法拂去身处贬地思乡念京的深情。

3.怀友酬赠诗。这是几乎所有诗人的例牌诗篇。韩愈这方面的诗篇也不少，其中赠与下列友人为多：孟郊7首、张籍13首、贾岛2首、侯喜5首、张彻3首、张署9首、崔斯立4首。《赠卢仝》一诗也很引人注目。这类诗因是写给朋友的，情感真挚，有的内容也很特别，向来颇受好评。如《醉留东野》：

昔年因读李白杜甫诗，长恨二人不相从。吾与东野生并世，如何复蹑二子踪？东野不得官，白首夸龙钟。韩子稍奸黠，自惭青蒿倚长松。低头拜东野，愿得终始如駏蛩。东野不回头，有如寸莛撞巨钟。吾愿身为云，东野变为龙。四方上下逐东野，虽有离别何由逢？

“东野不得官”以下的意思是说：东野中了进士却未得到官职，白发苍苍，似在向人夸耀自己老态龙钟。我韩愈稍有一点小聪明，做了个小官，但与东野相比，自愧是弱小的青蒿靠着挺拔的青松。我低头向东野行下拜礼，愿彼此永不分离，有如相依为命的駏蛩。东野已决意要离去，我的话挽留不住他，有如草茎撞在巨钟上没有回声。我再向东野表示：自己愿意化作天上的云，希望东野变成腾云驾雾的飞龙，好让我上下四方永远追随着东野，那时世上虽有挚友相离别，而我和东野却没有那种遭逢。

《醉留东野》用浪漫的诗笔倾注了对孟郊的尊敬、厚爱与依恋的友情，“韩孟”并称自然主要是因为诗风相同，但他们感情相投也不能不说是后人注目的重要因素。这首诗在唐代友情诗史上是颇为特别的。

韩愈大多数的友情诗写出了与朋友的深厚情谊。如：

已作龙钟后时者，懒于街里踏尘埃。如今便别长官去，直到新年衙日来。（《送侯喜》）

这是送后辈侯喜回乡过年，叮嘱他过了年上班时再来相会。

最令人不可思议的是《孟东野失子》诗。其序云：“东野连产三子不数日辄失之。几老，念无后以悲。其友人昌黎韩愈，惧其伤也，推天假其命以喻之。”从诗序即可见其友情之深。诗篇以恢奇出之，告以命运使然，非人力所能左右，因而不必过于悲伤，况且有子无子，其祸福亦在未卜之中，不如无子，犹可获得心境安宁。这虽然是搬用了老庄的思想，但对于在悲痛难熬中的孟郊来说，未必不是一服镇痛剂。至于韩愈写诗时是否真信老庄这种思想，那倒是不必过于深究的。诗中写道：

失子将何尤？吾将上尤天。…… 有子与无子，祸福未可原。…… 有子且勿喜，无子固勿叹。……

韩愈为了安慰老朋友，煞费苦心地编造“谎言”，创造最佳的艺术境界，真是友情可掬。

4. 一般的生活纪事诗。这类诗所写的生活内容非常广泛，所抒发的感情也多种多样。这类诗有的是公认的名篇。如《山石》：

山石荦确行径微，黄昏到寺蝙蝠飞。升堂坐阶新雨足，

> 芭蕉叶大支子肥。僧言古壁佛画好，以火来照所见稀。铺床拂席置羹饭，疏粝亦足饱我饥。夜深静卧百虫绝，清月出岭光入扉。天明独去无道路，出入高下穷烟霏。山红涧碧纷烂漫，时见松枥皆十围。当流赤足蹋涧石，水声激激风吹衣。人生如此自可乐，岂必局束为人鞿。嗟哉吾党二三子，安得至老不更归。

这是贞元十七年（801）韩愈在洛阳等待朝廷任命时，与朋友游洛阳北面惠林寺所写的纪游诗。前十六句按时间顺序、移步换形写“黄昏到寺”“夜深静卧”“天明独去”的见闻，写得轻灵有趣，景物宜人，人物生动，可睹可闻，可见作者乐在其中。末尾四句抒发感受，意在言外，可见韩愈当时心情的复杂与矛盾。

又如《听颖师弹琴》：

> 昵昵儿女语，恩怨相尔汝。划然变轩昂，勇士赴敌场。浮云柳絮无根蒂，天地阔远随飞扬。喧啾百鸟群，忽见孤凤凰。跻攀分寸不可上，失势一落千丈强。嗟余有两耳，未省听丝篁。自闻颖师弹，起坐在一旁。推手遽止之，湿衣泪滂滂。颖乎尔诚能，无以冰炭置我肠！

音乐本是看不见、摸不着的，经韩愈采用通感的描写手法，就不仅仅是可闻，而且变得可睹可触可感，其抑扬顿挫，历历如在眼前。

这类诗中也有的是写生活琐事的。如《落齿》：

去年落一牙，今年落一齿。俄然落六七，落势殊未已。余存皆动摇，尽落应始止。忆初落一时，但念豁可耻。及至落二三，始忧衰即死。每一将落时，懔懔恒在己。叉牙妨食物，颠倒怯漱水。终焉舍我落，意与崩山比。今来落既熟，见落空相似。余存二十余，次第知落矣。傥常岁落一，自足支两纪。如其落并空，与渐亦同指。人言齿之落，寿命理难恃。我言生有涯，长短俱死尔。人言齿之豁，左右惊谛视。我言庄周云，木雁各有喜。语讹默固好，嚼废软还美。因歌遂成诗，持用诧妻子。

把人的掉牙齿写得那么具体、生动、诙谐，还体现了人之常情和作者特有的哲理。在庄子的著作中，说到大木以不材而伐木者不取，也说到雁子以其能鸣而被烹杀，韩愈借此类比事物总是带有两面性的：牙掉得多了，说话发音不准，这是坏事，但因此而干脆不说话，不说话就不会得罪人，这又是好事；没有牙齿，嚼东西的功能废弃了，这是坏事，但因此而吃软的东西，反觉得软的东西好吃。

5. 联句诗。韩愈和孟郊等人写了一批联句诗。这些诗大都连篇累牍地选用冷僻词语，追求奇特的艺术效果，以表现学识和技巧，多为文字游戏，价值不大，但却是“韩孟”本家特色。

以上五个方面的内容，东露一鳞、西露一爪显示韩愈的自我形象。这个自我形象的个性特征，用叶燮的话说是：“骨相棱嶒，俯视一切；进则不能容于朝，退又不肯独善于野，疾恶甚严，爱才若渴。”（《原诗·外篇上·六》）其时而忧国忧民，时而忧人（朋友）忧己，喜怒哀乐，交错并陈。

（三）诗歌的基本风格与特色

韩愈的诗歌受李白和杜甫诗歌雄浑奔放的影响，又接受贞元、元和社会风尚的熏陶，还从当时其他艺术形式（如绘画，包括佛教壁画）中汲取营养，另辟一方境界，形成了雄奇险怪的基本风格。晚唐司空图评价说：“观韩吏部歌诗数百首，其驱驾气势，若掀雷挟电，撑抉于天地之间，物状奇变，不得不鼓舞而徇其呼吸也。”（《题柳柳州集后》）南宋张戒评价说：“退之诗，大抵才气有余，故能擒能纵，颠倒崛奇，变怪百出，可喜可愕，可畏可服也。”（《岁寒堂诗话》）二人都说到了韩愈诗歌的基本风格。

从艺术创造来说，使韩愈诗歌形成雄奇险怪风格的原因是有意识地运用“变熟为生”和“化夷为险”的手段。这二者，也是韩愈诗歌最显著的艺术特色。

变熟为生，这是说在描写人们熟知的物事时，力求不落常套，而别开生面，达到出奇制胜的艺术效果。

例如咏雪，这是古代诗人常写的题目。将雪比作白银、白玉、飞蝶、鹅毛等都有先例，在韩愈当时，都属于“熟”比。韩愈不蹈窠臼，避开单一的、个别的比喻，构想出龙凤交横、波涛翻滚、天上白帝出巡驾临人间那声威浩荡的场面。《辛卯年雪》是这样描写雪景的：

> 元和六年春，寒气不肯归。河南二月末，雪花一尺围。崩腾相排拶，龙凤交横飞。波涛何飘扬，天风吹幡旗。白帝盛羽卫，鬖髿振裳衣。白霓先启途，从以万玉妃。翕翕陵厚载，哗哗弄阴机。生平未曾见，何暇议是非？或云丰年祥，饱食可庶几。善祷吾所慕，谁言寸诚微？

这真是喻雪的新奇境界！

咏终南山，是唐代诗人的热门题材。许多熟套的笔法、词语使得许多咏终南山的诗篇难以获得读者的赏识。而韩愈的《南山诗》却别出心裁，以长篇巨制来铺写终南山的种种景象，为人们已经熟知的南山风物增加许多情趣，可谓穷词尽语，令人叹为奇观（参见“再任博士”章）。

咏诗赠别，这更是古代诗人常写的题目。但能常写常新的却极少见。韩愈写给孟郊的《醉留东野》（上面已引）就很有新意。诗的开头从对李白与杜甫二人不能常常相聚感到遗憾说起，就极为贴切和新鲜。这样的诗意构思，宋代欧阳修就受到启发，他又用“韩孟”来比况自己与好朋友梅尧臣。

化夷为险，这是说把平常事写得不平常，给人以险怪奇特的感受，从而留下磨灭不掉的印象。例如和友人谈论诗坛先辈，这在文人之间是很平常的事。韩愈的《调张籍》却把这种平常事写得怪怪奇奇，令人目不暇接。诗的开头先用肯定的语气说：“李杜文章在，光焰万丈长。”再用鄙夷不屑的语气嘲笑当时那些诽谤李杜的人是“蚍蜉撼大树，可笑不自量”。然后用出奇的比喻把李杜诗歌的雄伟气魄加以形象地赞颂。说李杜作诗有如大禹治水：

> 想当施手时，巨刃磨天扬。垠崖划崩豁，乾坤摆雷硠。

韩愈想象大禹治水时挥动摩天的刀斧，斩断山崖，劈开巨石，使天地之间山崩地裂，巨响硠硠。诗的后半部分说自己愿意学习、追攀李杜，也用了上天入地的非现实的笔法：

> 我愿生两翅，捕逐出八荒。精神忽交通，百怪入我肠。刺手拔鲸牙，举瓢酌天浆。腾身跨汗漫，不着织女襄。顾语地上友，经营无太忙。乞君飞霞佩，与我高颉颃。

意思是说：我希望长出一对雄健的翅膀，上天入地追随他们；我的真诚使得我能与他们精神感应相通，于是千奇百怪的文思聚集到我的心头。我产生了激情，下海拔去鲸鱼的劲牙，我产生了灵感，上天舀取珍贵的琼浆；我又腾身而起，跨进广漠无边的宇宙中，连织女织的天衣也不屑穿着了。我再回头对地上的朋友说：您写诗不必过于惨淡经营了，我送您飞霞之佩吧，请与我一起高高地飞翔。

经过这样的处理，平常无奇的"向李杜学习"的理性思想和学习的良好效果就变成雄奇险怪的艺术形象了。真是匪夷所思。

鸟啼鸣，这是极其平常的物象。但韩愈的《双鸟诗》写鸟的啼鸣却不一般。诗的开头说有两只鸟从海外飞来，各处一方，不得相伴，因此三千年来闭口不啼。后来终于久别重逢，喜出望外，因而啼鸣不休，延续了一百天之久。以致鬼神怕被讥讽，雷公也不作声。诗的后半接着写道：

> 不停两鸟鸣，百物皆生愁。不停两鸟鸣，自此无春秋。不停两鸟鸣，日月难旋辀。不停两鸟鸣，大法失九畴。

“不停”即“不制止”的意思。“大法失九畴”是说天地间的大法就将遭到破坏。诗的结尾是：天公责怪两鸟，把它们抓起来，各囚一处，于是百虫与百鸟恢复了原来的鸣叫。而两鸟却闭口不作声，决心三千年后再重聚和鸣。

《双鸟诗》的寓意后人说法不一，有的认为双鸟指佛道两家，有的认为双鸟指李白杜甫，有的认为双鸟指孟郊和韩愈自己。不管其真正的含意如何，这样写，令读者大开眼界，啧啧称奇，却已是事实。

变熟为生和化夷为险是形成韩愈诗歌雄奇险怪风格的最主要的艺术因素。除此之外，人们常说的韩诗“以文为诗”也是韩愈诗歌的一个突出的特点。不过这与雄奇险怪的风格并没有直接的联系。但作为韩愈诗歌，在上述两个特点的基础上再加上“以文为诗”（散文笔法），有的作品就简直令人刮目相看了。

以上说的是韩愈诗歌的基本风格。作为大诗人，成熟的诗人，风格总是多样的。除了基本风格之外，总还有其他的风格。韩愈也不例外。他除了雄奇险怪的基本风格之外，也有平淡自然，或清新宜人，或睿智含蕴的诗篇，尤其是晚年的作品，与险怪已有某些距离。请看写于谢世前一年的《早春呈水部张十八员外二首》之一：

天街小雨润如酥，草色遥看近却无。最是一年春好处，绝胜烟柳满皇都。

“天街”是指京城的道路。由于春雨的滋润，小草萌生，近观并不明显，远看则一片嫩绿，令人觉得春意盎然。比之晚春之时到处杨柳笼烟更加动人可爱。“天街”二句，寓于目，会于心，是真正的诗中有画。

类似的七绝小诗，颇多佳作。大多有感而发，表现了一个成熟诗人深厚的艺术修养。

（四）诗歌的历史地位

韩愈诗歌在文学史上的地位，可以从两方面加以论述。

一方面，韩愈团结了一批诗人，形成了“韩孟诗派”，在中唐诗坛上独树一帜，与元（稹）白（居易）诗派分明对峙，共同使陈子昂开创、李杜发展并达到顶峰的诗歌事业别辟蹊径，在“盛唐之音”之后出现了“中唐之韵”。

徐文长说："世惟法高、岑、王、孟，固是布帛菽粟。卢仝、孟郊、韩愈、李贺，却是龙肝凤髓，不得而舍。"方扶南引论之说："此论足以益人神智。"（《方扶南批本李长吉诗集序》）

谭元春说："诗家变化，盛唐已极，后又欲别出头地，自不得无东野、长吉一派。"（毛先舒《诗辩坻》卷四引）

当代历史学家范文澜先生说："韩愈是中唐创硬体诗的一大家。""韩派诗人多有名人，最著者张籍、孟郊、贾岛、樊宗师、卢仝、李翱、李贺等人。""韩愈派诗人，自孟郊、张籍以次，都各有成就，他们的共同点是戛戛独造，异乎流俗。"（《中国通史简编》第三编第七章《唐五代的文化概况》）

自宋以来，诸家评论，都充分肯定韩愈为首的韩孟诗派的地位。这实际上也是对韩愈在诗歌史上地位的肯定。

另一方面，韩愈以自己的诗歌作品影响着后世文坛。

欧阳修说："退之笔力，无施不可……其资谈笑，助谐谑，叙人情，状物态，一寓于诗，而曲尽其妙。"（《六一诗话》）

苏轼说："书之美者，莫如颜鲁公，然书法之坏，自鲁公始；诗之美者，莫如韩退之，然诗格之变自退之始。"（《苕溪渔隐丛话》前集卷十七）

叶燮说："唐诗为八代以来一大变，韩愈为唐诗之一大变，其力大，其思雄，崛起特为鼻祖。宋之苏、梅、欧、苏、王、黄，皆愈为之发其端，可谓极盛；而俗儒且谓愈诗大变汉、魏，大变盛唐，格格而不许，何异居蚯蚓之穴，习闻其长鸣，听洪钟之响而怪之，窃窃然议之也！且愈岂不能拥其鼻、肖其吻，而效俗儒为建安、开、宝之诗乎哉？开、宝之诗，一时非不盛，递至大历、贞元、元和之间，沿其影响字句者且百年，此百余年之诗，其传者已少殊尤出类之作，不传者更可知矣。必待有人焉，起而拨正之，则不得不改弦而更张之。”（《原诗》内篇上）

赵翼说：“韩昌黎生平所心摹力追者，惟李杜二公。顾李杜之前，未有李杜，故二公才气横恣，各开生面，遂独有千古。至昌黎时，李杜已在前，纵极力变化，终不能再辟一径。惟少陵奇险处，尚有可推扩，故一眼觑定，欲从此辟山开道，自成一家。此昌黎注意所在也。然奇险处亦自有得失。盖少陵才思所到，偶然得之；而昌黎则专以此求胜，故时见斧凿痕迹。有心与无心异也。其实昌黎自有本色，仍在文从字顺中，自然雄厚博大，不可捉摸，不专以奇险见长。恐昌黎亦不自知，后人平心读之自见。若徒以奇险求昌黎，转失之矣。”（《瓯北诗话》卷三）

上述评论指出韩愈诗歌的价值在于转变唐代诗风，另开境界。韩愈有所继承，也有所创新。并且指出他不专以奇险见长，还有别的风格同样值得重视。就韩愈诗歌的主要风貌看，却是影响深远。

后　记

本书原由广东高等教育出版社1996年出版，1999年第二次印刷。现应人民文学出版社古典小说编辑室高宏洲先生之约，对该书架构、文字略做调整、修订出版。

书的前十二章述评韩愈从少年至晚年的生平经历，以每个时期的重要事件和主要成就为主。其中，第十二章概述韩愈的为人风貌，从政治家、思想家、教育家及其家庭关系和社会关系等多方面给予简要评价。

书的第十三章述评韩愈的古文主张，肯定其“不平则鸣”和“词必己出”的论说。第十四章从多方面述评韩愈的古文风采。末章简评韩愈的诗歌创作。这三章力争全面、立体地呈现韩愈在文学方面的整体成就。

不妥之处，望专家与读者指正。

陈新璋

2025年1月25日